Die schönsten Grimm-Märchen

Mit Bildern von Felicitas Kuhn

UEBERREUTER

J 1771/1

»Das Märchen vom Machandelbaum« wurde von Sabine Wimmer aus
dem Niederdeutschen übertragen.
Umschlag und Illustrationen von Felicitas Kuhn

Printed in Yugoslavia

Inhalt

Schneewittchen

Es war einmal mitten im Winter, und die Schneeflocken fielen wie Federn vom Himmel herab. Da saß eine Königin an einem Fenster, das einen Rahmen von schwarzem Ebenholz hatte, und nähte. Und als sie so nähte und nach dem Schnee aufblickte, stach sie sich mit der Nadel in den Finger, und es fielen drei Tropfen Blut in den Schnee. Und weil das Rot im weißen Schnee so schön aussah, dachte sie bei sich: »Hätte ich ein Kind, so weiß wie Schnee, so rot wie Blut und so schwarz wie das Holz an dem Rahmen!« Bald darauf bekam sie ein Töchterlein, das war so weiß wie Schnee, so rot wie Blut und so schwarzhaarig wie Ebenholz und wurde darum Schneewittchen genannt. Und als das Kind geboren war, starb die Königin.

Über ein Jahr nahm sich der König eine andere Gemahlin. Es war eine schöne Frau, aber sie war stolz und hochmütig und konnte nicht leiden, daß sie an Schönheit von jemand übertroffen werden sollte. Sie hatte einen wunderbaren Spiegel, wenn sie vor den trat und sich darin beschaute, sprach sie:

»Spieglein, Spieglein an der Wand,
wer ist die Schönste im ganzen Land?«,

und der Spiegel antwortete:

»Frau Königin, Ihr seid die Schönste im
Land.«

Da war sie zufrieden, denn sie wußte: der Spiegel sagte die Wahrheit. Schneewittchen aber wuchs heran und wurde immer schöner, und als es sieben Jahre alt war, war es so schön wie der klare Tag und schöner als die Königin selbst. Als diese nun einmal ihren Spiegel fragte:

»Spieglein, Spieglein an der Wand,
wer ist die Schönste im ganzen Land?«,

so antwortete er:

»Frau Königin, Ihr seid die Schönste hier,
aber Schneewittchen ist tausendmal schöner
als Ihr.«

Da erschrak die Königin und wurde gelb und grün vor Neid. Von Stund' an, wenn sie Schneewittchen erblickte, kehrte sich ihr das Herz im Leibe herum, so haßte sie das Mädchen. Und Neid und Hochmut wuchsen wie Unkraut in ihrem Herzen immer höher, so daß sie Tag und Nacht keine Ruhe mehr hatte. Da rief sie einen Jäger und sprach: »Bring das Kind hinaus in den Wald, ich will's nicht mehr vor meinen Augen sehen. Du sollst es töten und mir Lunge und Leber zum Wahrzeichen mitbringen.«

Der Jäger gehorchte und führte es hinaus, und als er den Hirschfänger gezogen hatte und Schneewittchens unschuldiges Herz durchbohren wollte, fing es an zu weinen und sprach: »Ach, lieber Jäger, laß mir mein Leben! Ich will in den wilden Wald laufen und nimmermehr heimkommen.« Und weil es gar so schön war, hatte der Jäger Mitleid und sprach: »So lauf hin, du armes Kind!« Die wilden Tiere würden es bald gefressen haben, dachte er, und doch war's ihm, als wäre ein Stein von seinem Herzen gewälzt, weil er es nicht zu töten brauchte. Und als gerade ein junger Frischling dahergesprungen kam, stach er ihn ab, nahm Lunge und Leber heraus und brachte sie als Wahrzeichen der Königin mit. Der Koch mußte sie in Salz kochen, und das boshafte Weib aß sie auf und meinte, sie hätte Schneewittchens Lunge und Leber gegessen.

Nun war das arme Kind in dem großen Wald mutterseelenallein, es wurde ihm so angst und bang, daß es alle Blätter an den Bäumen ansah und nicht wußte, wie es sich helfen sollte. Da fing es an zu laufen und lief über die spitzen Steine und durch die Dornen, und die wilden Tiere sprangen an ihm vorbei, aber sie taten ihm nichts. Es lief, so lange die Füße noch konnten, bis es bald Abend werden wollte. Da sah es ein kleines Häuschen und ging hinein, sich auszuruhen. In dem Häuschen war alles klein, aber so zierlich und reinlich. Da stand ein weißgedecktes Tischlein mit sieben kleinen Tellern, jedes Tellerlein mit seinem Löffelein, ferner sieben Messerlein und Gäbelein und sieben Becherlein. An der Wand waren sieben Bettlein nebeneinander aufgestellt und schneeweiße Laken darüber gedeckt. Schneewittchen, weil es so hungrig und durstig war, aß von jedem Tellerlein ein wenig Gemüse und Brot und trank aus jedem Becherlein einen Tropfen Wein; denn es wollte nicht einem alles wegnehmen. Hernach, weil es so müde war, legte es sich in ein Bettchen, aber keins paßte; das eine war zu lang, das andere zu kurz, bis endlich das siebente recht war; und darin blieb es liegen, empfahl sich Gott und schlief ein.

Als es ganz dunkel geworden war, kamen die Herren von dem Häuslein, das waren die sieben Zwerge, die in den Bergen nach Erz hackten und gruben. Sie zündeten ihre sieben Lichtlein an, und wie es nun hell im Häuslein wurde, sahen sie, daß jemand darin gewesen war, denn es stand nicht alles so in der Ordnung, wie sie es verlassen hatten. Der erste sprach: »Wer hat auf meinem Stühlchen gesessen?« Der zweite: »Wer hat von meinem Tellerchen gegessen?« Der dritte: »Wer hat von meinem Brötchen genommen?« Der vierte: »Wer hat von meinem Gemüschen gegessen?« Der fünfte: »Wer hat mit meinem Gäbelchen gegessen?« Der sechste: »Wer hat mit meinem Messerchen geschnitten?« Der siebente: »Wer hat aus meinem Becherlein getrunken?« Dann sah sich der erste um und sah, daß auf seinem Bett eine kleine Delle war, da sprach er: »Wer hat in meinem Bettchen gelegen?« Die anderen kamen gelaufen und riefen: »In meinem hat auch jemand gelegen!« Der siebente aber, als er in sein Bett sah, erblickte Schneewittchen, das darin lag und schlief. Nun rief er die andern, die kamen herbeigelaufen und schrien vor Verwunderung, holten ihre sieben Lichtlein und beleuchteten Schneewittchen. »Ei, du mein Gott! Ei, du mein Gott!« riefen sie, »was ist das Kind so schön!« Und sie hatten so große Freude, daß sie es nicht aufweckten, sondern im Bett weiterschlafen ließen. Der siebente Zwerg aber schlief bei seinen Gesellen, bei jedem eine Stunde, da war die Nacht um.

Als es Morgen war, erwachte Schneewittchen, und als es die sieben Zwerge sah, erschrak es. Sie waren aber freundlich und fragten: »Wie heißt du!« – »Ich heiße Schneewittchen«, antwortete es. – »Wie bist du in unser Haus gekommen?« sprachen weiter die Zwerge. Da erzählte es ihnen, daß seine Stiefmutter es hätte umbringen lassen wollen, der Jäger hätte ihm aber das Leben geschenkt, und da wär' es gelaufen den ganzen Tag, bis es endlich ihr Häuslein gefunden hätte. Die Zwerge sprachen: »Willst du unsern Haushalt versehen, kochen, betten, waschen, nähen und stricken, und willst du alles ordentlich und reinlich halten, so kannst du bei uns bleiben, und es soll dir an nichts fehlen.« – »Ja«, antwortete Schneewittchen, »von Herzen gern!« und blieb bei ihnen. Es hielt ihnen das Haus in Ordnung. Morgens gingen sie in die Berge und suchten Erz und Gold, abends kamen sie wieder, und da mußte ihr Essen bereit sein. Den ganzen Tag über war das Mädchen allein; da warnten es die guten Zwerglein und sprachen: »Hüte dich vor deiner Stiefmutter, die wird bald wissen, daß du hier bist, laß ja niemanden ein!«

Die Königin aber, nachdem sie Schneewittchens Lunge und Leber glaubte gegessen zu haben, dachte nicht anders, als sie wäre wieder die Allerschönste, trat vor ihren Spiegel und sprach:

»Spieglein, Spieglein an der Wand,
wer ist die Schönste im ganzen Land?«

Da antwortete der Spiegel:

»Frau Königin, Ihr seid die Schönste hier,
aber Schneewittchen über den Bergen
bei den sieben Zwergen
ist noch tausendmal schöner als Ihr.«

Es lief, so lange die Füße noch konnten, bis es bald Abend werden wollte.

Da erschrak sie, denn sie wußte, daß der Spiegel keine Unwahrheit sprach, und merkte, daß der Jäger sie betrogen hatte und Schneewittchen noch am Leben war. Und so sann und sann sie aufs neue, wie sie es umbringen könnte; denn solange sie nicht die Schönste im ganzen Land war, ließ ihr der Neid keine Ruhe. Und als sie sich endlich etwas ausgedacht hatte, färbte sie sich das Gesicht und kleidete sich wie eine alte Krämerfrau und war ganz unkenntlich. In dieser Gestalt humpelte sie über die sieben Berge zu den sieben Zwergen, klopfte an die Tür und rief: »Schöne Ware feil! feil!« Schneewittchen guckte zum Fenster hinaus und rief: »Guten Tag, liebe Frau! Was habt Ihr zu verkaufen?« – »Gute Ware«, antwortete sie, »Schnürbänder in allen Farben«, und sie holte eines hervor, das aus bunter Seide geflochten war. »Die ehrliche Frau kann ich hereinlassen«, dachte Schneewittchen, riegelte die Tür auf und kaufte sich das hübsche Schnürband. »Kind«, sprach die Alte, »wie du aussiehst! Komm, ich will dich einmal ordentlich schnüren.« Schneewittchen hatte keinen Argwohn, stellte sich vor sie und ließ sich mit dem neuen Schnürband schnüren. Aber die Alte schnürte geschwind und schnürte so fest, daß dem Schneewittchen der Atem verging und es wie tot hinfiel.
»Nun bist du die Schönste gewesen«, sprach die Alte und eilte hinaus.
Nicht lange darauf, zur Abendzeit, kamen die sieben Zwerge nach Hause; aber wie erschraken sie, als sie ihr liebes Schneewittchen auf der Erde liegen sahen und es sich nicht regte und bewegte, als wäre es tot. Sie hoben es in die Höhe, und weil sie sahen, daß es zu fest geschnürt war, schnitten sie das Schnürband entzwei; da fing es ein wenig zu atmen an und ward nach und nach wieder lebendig. Als die Zwerge hörten, was geschehen war, sprachen sie: »Die alte Krämerin war niemand anderer als die gottlose Königin. Hüte dich und laß keinen Menschen herein, wenn wir nicht bei dir sind!«
Das böse Weib aber, als es nach Hause gekommen war, ging vor den Spiegel und fragte:

»Spieglein, Spieglein an der Wand,
wer ist die Schönste im ganzen Land?«

Da antwortete er wie sonst:

»Frau Königin, Ihr seid die Schönste hier,
aber Schneewittchen über den Bergen
bei den sieben Zwergen
ist noch tausendmal schöner als Ihr.«

Als sie das hörte, lief ihr alles Blut zum Herzen, so erschrak sie, denn sie sah wohl, daß Schneewittchen wieder lebendig geworden war. »Nun aber«, dachte sie, »will ich etwas aussinnen, das dich zugrunde richten soll«, und mit Hexenkünsten, die sie verstand, machte sie einen giftigen Kamm. Dann verkleidete sie sich und nahm die Gestalt eines anderen alten Weibes an. So ging sie hin über die sieben Berge zu den sieben Zwergen, klopfte an die Tür und rief: »Gute Ware feil! feil!«
Schneewittchen schaute heraus und sprach: »Geht nur weiter, gute Frau, ich darf niemanden einlassen!«
»Das Ansehen wird dir doch erlaubt sein«, sprach die Alte, zog den giftigen Kamm heraus und hielt ihn in die Höhe. Da gefiel er dem Kinde so gut, daß es sich betören ließ und die Tür öffnete. Als sie des Kaufs einig waren, sprach die Alte: »Nun will ich dich einmal ordentlich kämmen.« Das arme Schneewittchen dachte an nichts Böses und ließ die Alte gewähren, aber kaum hatte sie den Kamm in die Haare gesteckt, als das Gift darin wirkte und das Mädchen ohne Besinnung niederfiel. »Du Ausbund an Schönheit«, sprach das boshafte Weib, »jetzt ist's um dich geschehen«, und ging fort. Zum Glück aber war es bald Abend, wo die sieben Zwerglein nach Hause kamen. Als sie Schneewittchen wie tot auf der Erde liegen sahen, hatten sie gleich die Stiefmutter in Verdacht, suchten nach und fanden den giftigen Kamm. Und kaum hatten sie ihn herausgezogen, so kam Schneewittchen wieder zu sich und erzählte, was vorgegangen war. Da warnten sie

es noch einmal, auf der Hut zu sein und niemandem die Tür zu öffnen.
Die Königin stellte sich daheim vor den Spiegel und sprach:

»Spieglein, Spieglein an der Wand,
wer ist die Schönste im ganzen Land?«

Da antwortete er wie vorher:

»Frau Königin, Ihr seid die Schönste hier,
aber Schneewittchen über den Bergen
bei den sieben Zwergen
ist noch tausendmal schöner als Ihr.«

Als sie den Spiegel so reden hörte, zitterte und bebte sie vor Zorn. »Schneewittchen soll sterben«, rief sie, »und wenn es mein eigenes Leben kostet!« Darauf ging sie in eine ganz verborgene einsame Kammer, wo niemand hinkam, und machte da einen giftigen, ungemein giftigen Apfel. Äußerlich sah er schön aus, weiß mit roten Backen, daß jeder, der ihn erblickte, Lust danach bekam, aber wer ein Stückchen davon aß, der mußte sterben. Als der Apfel fertig war, färbte sie sich das Gesicht und verkleidete sich in eine Bauersfrau, und so ging sie über die sieben Berge zu den sieben Zwergen. Sie klopfte an, Schneewittchen streckte den Kopf zum Fenster heraus und sprach: »Ich darf keinen Menschen einlassen, die sieben Zwerge haben mir's verboten!« – »Mir auch recht«, antwortete die Bäuerin, »meine Äpfel will ich schon loswerden. Da, einen will ich dir schenken.« – »Nein«, sprach Schneewittchen, »ich darf nichts annehmen!« – »Fürchtest du dich vor Gift?« sprach die Alte, »siehst du, da schneide ich den Apfel in zwei Teile; den roten Backen iß du, den weißen will ich essen.« Der Apfel war aber so geschickt gemacht, daß der rote Backen allein vergiftet war. Schneewittchen schaute den schönen Apfel an, und als es sah, daß die Bäuerin davon aß, so konnte es nicht länger widerstehen, streckte die Hand hinaus und nahm die giftige Hälfte. Kaum aber hatte es einen Bissen davon im Mund, so fiel es tot zur Erde nieder. Da betrachtete es die Königin mit grausigen Blicken und lachte überlaut und sprach: »Weiß wie Schnee, rot wie Blut, schwarz wie Ebenholz! Diesmal können dich die Zwerge nicht wieder erwecken.« Und als sie daheim den Spiegel befragte:

»Spieglein, Spieglein an der Wand,
wer ist die Schönste im ganzen Land?«,

so antwortete er endlich:

»Frau Königin, Ihr seid die Schönste im
Land.«

Da hatte ihr neidisches Herz Ruhe, so gut halt ein neidisches Herz Ruhe haben kann.
Die Zwerglein, als sie abends nach Hause kamen, fanden Schneewittchen auf der Erde liegen, und es ging kein Atem mehr aus seinem Mund – es war tot. Sie hoben es auf, suchten, ob sie etwas Giftiges fänden, schnürten es auf, kämmten ihm die Haare, wuschen es mit Wasser und Wein, aber es half alles nichts; das liebe Kind war tot und blieb tot. Sie legten es auf eine Bahre und setzten sich alle sieben daran und beweinten es, und das drei Tage lang. Da wollten sie es begraben, aber es sah noch so frisch aus wie ein lebender Mensch und hatte noch seine schönen roten Backen. Sie sprachen: »Das können wir nicht in die schwarze Erde versenken«, und ließen einen durchsichtigen Sarg aus Glas machen, daß man es von allen Seiten sehen konnte, legten es hinein und schrieben mit goldenen Buchstaben seinen Namen darauf und daß es eine Königstochter wäre. Dann setzten sie den Sarg hinauf auf den Berg, und einer von ihnen blieb immer dabei und bewachte ihn. Und die Tiere kamen auch und beweinten Schneewittchen, erst eine Eule, dann ein Rabe, zuletzt ein Täubchen.
Nun lag Schneewittchen lange, lange Zeit in dem Sarg und verweste nicht, sondern sah aus, als wenn es schliefe, denn es war noch so weiß wie Schnee, so rot wie Blut und so schwarzhaarig wie Ebenholz. Es geschah aber, daß ein Königssohn in den Wald geriet und zu dem Zwergenhaus kam, da zu übernachten. Er sah auf

dem Berg den Sarg und das schöne Schneewittchen darin und las, was mit goldenen Buchstaben darauf geschrieben war. Da sprach er zu den Zwergen: »Laßt mir den Sarg, ich will euch geben, was ihr dafür haben wollt.« Aber die Zwerge antworteten: »Wir geben ihn nicht um alles Gold in der Welt.« Da sprach er: »So schenkt ihn mir, denn ich kann nicht leben, ohne Schneewittchen zu sehen, ich will es ehren und hochachten wie mein Liebstes.« Wie er so sprach, empfanden die guten Zwerglein Mitleid mit ihm und gaben ihm den Sarg. Der Königssohn ließ ihn nun von seinen Dienern forttragen. Da geschah es, daß sie über einen Strauch stolperten, und von der Erschütterung fuhr das giftige Apfelstück, das Schneewittchen abgebissen hatte, aus dem Hals. Es dauerte nicht lange, so öffnete es die Augen, hob den Deckel vom Sarg in die Höhe und richtete sich auf und war wieder lebendig: »Ach Gott, wo bin ich?« rief es. Der Königssohn sagte voll Freude: »Du bist bei mir«, und erzählte, was sich zugetragen hatte und sprach: »Ich habe dich lieber als alles auf der Welt; komm mit mir in meines Vaters Schloß, du sollst meine Gemahlin werden.«

Da war ihm Schneewittchen gut und ging mit ihm, und für ihre Hochzeit wurde große Pracht und Herrlichkeit angeordnet. Zu dem Fest wurde aber auch Schneewittchens gottlose Stiefmutter eingeladen.

Bevor sie hinging, und als sie sich nun mit schönen Kleidern angetan hatte, trat sie vor den Spiegel und sprach:

»Spieglein, Spieglein an der Wand,
wer ist die Schönste im ganzen Land?«

Der Spiegel antwortete:

»Frau Königin, Ihr seid die Schönste hier,
aber die junge Königin ist noch tausendmal
schöner als Ihr.«

Da stieß das böse Weib einen Fluch aus, und es wurde ihr so angst, daß sie sich nicht zu fassen wußte. Sie wollte zuerst gar nicht auf die Hochzeit gehen, doch ließ es ihr keinen Ruhe, sie mußte die junge Königin sehen. Und als sie eintrat, erkannte sie Schneewittchen, und vor Angst und Schrecken stand sie da und konnte sich nicht regen. Aber es waren schon eiserne Pantoffeln übers Kohlenfeuer gestellt und wurden mit Zangen hereingetragen und vor sie hingestellt. Da mußte sie in die rotglühenden Schuhe treten und so lange tanzen, bis sie tot zur Erde fiel.

Der Froschkönig oder Der eiserne Heinrich

In den alten Zeiten, wo das Wünschen noch geholfen hat, lebte ein König, dessen Töchter waren alle schön, aber die jüngste war so schön, daß die Sonne selbst, die doch so vieles gesehen hat, sich verwunderte, sooft sie ihr ins Gesicht schien. Nahe bei dem Schlosse des Königs lag ein großer dunkler Wald, und in dem Walde unter einer alten Linde war ein Brunnen. Wenn nun der Tag sehr heiß war, so ging das Königskind hinaus in den Wald und setzte sich an den Rand des kühlen Brunnens; und wenn sie Langeweile hatte, so nahm sie eine goldene Kugel, warf sie in die Höhe und fing sie wieder; und das war ihr liebstes Spiel.

Nun trug es sich einmal zu, daß die goldene Kugel der Königstochter nicht in ihr Händchen fiel, das sie in die Höhe gehalten hatte, sondern auf die Erde schlug und geradezu ins Wasser

Sie sah sich um, woher die Stimme käme, da erblickte sie einen Frosch, der seinen dicken, häßlichen Kopf aus dem Wasser streckte.

rollte. Die Königstochter folgte ihr mit den Augen nach, aber die Kugel verschwand, und der Brunnen war tief, so tief, daß man keinen Grund sah. Da fing sie an zu weinen und weinte immer lauter und konnte sich gar nicht trösten. Und wie sie so klagte, rief ihr jemand zu: »Was hast du vor, Königstochter, du schreist ja, daß sich ein Stein erbarmen möchte.« Sie sah sich um, woher die Stimme käme, da erblickte sie einen Frosch, der seinen dicken, häßlichen Kopf aus dem Wasser streckte.

»Ach, du bist's, alter Wasserpatscher«, sagte sie, »ich weine über meine goldene Kugel, die mir in den Brunnen hinabgefallen ist.« – »Sei still und weine nicht«, antwortete der Frosch, »ich kann wohl Rat schaffen, aber was gibst du mir, wenn ich dein Spielwerk wieder heraufhole?« – »Was du haben willst, lieber Frosch«, sagte sie, »meine Kleider, meine Perlen und Edelsteine, auch noch die goldene Krone, die ich trage.«

Der Frosch antwortete: »Deine Kleider, deine Perlen und Edelsteine und deine goldene Krone, die mag ich nicht. Aber wenn du mich liebhaben willst, und ich soll dein Geselle und Spielkamerad sein, an deinem Tischlein neben dir sitzen, von deinem goldenen Tellerlein essen, aus deinem Becherlein trinken, in deinem Bettlein schlafen: wenn du mir das versprichst, so will ich hinuntersteigen und dir die goldene Kugel wieder heraufholen.«

»Ach ja«, sagte sie, »ich verspreche dir alles, was du willst, wenn du mir nur die Kugel wiederbringst.« Sie dachte aber: »Was der einfältige Frosch schwätzt, der sitzt im Wasser bei seinesgleichen und quakt und kann keines Menschen Geselle sein.«

Der Frosch, als er die Zusage erhalten hatte, tauchte seinen Kopf unter, sank hinab, und über ein Weilchen kam er wieder heraufgerudert, hatte die Kugel im Maul und warf sie ins Gras. Die Königstochter war voll Freude, als sie ihr schönes Spielwerk wieder erblickte, hob es auf und sprang damit fort. »Warte, warte«, rief der Frosch, »nimm mich mit, ich kann nicht so laufen wie du!« Aber was half ihm, daß er ihr sein »quak, quak« so laut nachschrie, wie er konnte! Sie hörte nicht darauf, eilte nach Haus und hatte bald den armen Frosch vergessen, der wieder in seinen Brunnen hinabsteigen mußte.

Am anderen Tage, als sie mit dem König und allen Hofleuten sich zur Tafel gesetzt hatte und von ihrem goldenen Tellerlein aß, da kam, plitsch, platsch, plitsch, platsch, etwas die Marmortreppe heraufgekrochen, und als es oben angelangt war, klopfte es an die Tür und rief: »Königstochter, jüngste, mach mir auf!« Sie lief und wollte sehen, wer draußen wäre; als sie aber aufmachte, so saß der Frosch davor. Da warf sie die Tür heftig zu, setzte sich wieder an den Tisch, und es war ihr ganz angst. Der König sah wohl, daß ihr das Herz gewaltig klopfte, und sprach: »Mein Kind, was fürchtest du dich, steht etwa ein Riese vor der Tür und will dich holen?« – »Ach nein«, antwortete sie, »es ist kein Riese, sondern ein garstiger Frosch.« – »Was will der Frosch von dir?« – »Ach, lieber Vater, als ich gestern im Wald bei dem Brunnen saß und spielte, da fiel meine goldene Kugel ins Wasser. Und weil ich so weinte, hat sie der Frosch wieder heraufgeholt, und weil er es durchaus verlangte, so versprach ich ihm, er sollte mein Geselle werden. Ich dachte aber nimmermehr, daß er aus seinem Wasser herauskönnte. Nun ist er draußen und will zu mir herein.«

Indem klopfte es zum zweitenmal und rief:

»Königstochter, jüngste, mach mir auf,
weißt du nicht, was gestern du zu mir gesagt
bei dem kühlen Wasserbrunnen?
Königstochter, jüngste, mach mir auf!«

Da sagte der König: »Was du versprochen hast, das mußt du auch halten; geh nur und mach ihm auf.« Sie ging und öffnete die Tür, da hüpfte der Frosch herein, ihr immer auf dem Fuße nach, bis zu ihrem Stuhl. Da saß er und rief: »Heb mich herauf zu dir!« Sie zauderte, bis es endlich der König befahl. Als der Frosch erst auf dem Stuhl war, wollte er auf den Tisch, und als er da saß, sprach er: »Nun schieb mir dein goldenes Tellerlein näher, damit wir zusammen essen.« Das tat sie zwar, aber man sah wohl, daß sie's nicht gerne tat. Der Frosch ließ sich's gut schmecken, aber ihr blieb fast jedes Bißlein im Halse. Endlich sprach er: »Ich habe mich satt gegessen und bin müde, nun trag mich in dein Kämmerlein und mach dein seiden Bettlein zurecht, da wollen wir uns schlafen legen.« Die Königstochter fing an zu weinen und fürchtete sich vor dem kalten Frosch, den sie sich nicht anzurühren getraute und der nun in ihrem schönen reinen Bettlein schlafen sollte. Der König aber ward zornig und sprach: »Wer dir geholfen hat, als du in der Not warst, den sollst du nachher nicht verachten.« Da packte sie ihn mit zwei Fingern, trug ihn hinauf und setzte ihn in eine Ecke. Als sie aber im Bette lag, kam er gekrochen und sprach: »Ich bin müde, ich will schlafen so gut wie du: heb mich herauf, oder ich sag's deinem Vater.« Da ward sie erst bitterböse, holte ihn herauf und warf ihn aus allen Kräften gegen die Wand. »Nun wirst du Ruhe haben, du garstiger Frosch.«

Als er aber herabfiel, war er kein Frosch, sondern ein Königssohn mit schönen freundlichen Augen. Der war nun nach ihres Vaters Willen ihr lieber Geselle und Gemahl. Da erzählte er ihr, er wäre von einer bösen Hexe verwünscht worden, und niemand hätte ihn aus dem Brunnen erlösen können als sie allein, und bald würden sie zusammen in sein Reich gehen. Dann schliefen sie ein.

Am anderen Morgen, als die Sonne sie aufweckte, kam ein Wagen herangefahren, mit acht weißen Pferden bespannt, die hatten weiße Straußfedern auf dem Kopf und gingen in goldenen Ketten, und hinten stand der Diener des jungen Königs, das war der treue Heinrich.

Der treue Heinrich war so betrübt, als sein Herr in einen Frosch verwandelt worden war, daß er drei eiserne Bande hatte um sein Herz legen lassen, damit es ihm nicht vor Weh und Traurigkeit zerspränge.

Der Wagen aber sollte den jungen König in sein Reich abholen; der treue Heinrich hob beide hinein, stellte sich wieder hinten auf und war voller Freude über die Erlösung. Und als sie ein Stück Wegs gefahren waren, hörte der Königssohn, daß es hinter ihm krachte, als wäre etwas gebrochen. Da drehte er sich um und rief:

»Heinrich, der Wagen bricht!«
»Nein, Herr, der Wagen nicht,
es ist ein Band von meinem Herzen,
das da lag in großen Schmerzen,
als Ihr in dem Brunnen saßt,
als Ihr eine Fretsche (Frosch) wast (wart).«

Noch einmal und noch einmal krachte es auf dem Weg, und der Königssohn meinte immer, der Wagen bräche, und es waren doch nur die Bande, die vom Herzen des treuen Heinrich absprangen, weil sein Herr erlöst und glücklich war.

Aschenputtel

Einem reichen Manne wurde seine Frau krank, und als sie fühlte, daß ihr Ende herankam, rief sie ihr einziges Töchterlein zu sich ans Bett und sprach: »Liebes Kind, bleib fromm und gut, so wird dir der liebe Gott immer beistehen, und ich will vom Himmel auf dich herabblicken und stets um dich sein.« Darauf tat sie die Augen zu und verschied. Das Mädchen ging jeden Tag hinaus zu dem Grabe der Mutter und weinte und blieb fromm und gut. Als der Winter kam, deckte der Schnee ein weißes Tüchlein auf das Grab, und als die Sonne im Frühjahr es wieder abgezogen hatte, nahm sich der Mann eine andere Frau.

Die Frau hatte zwei Töchter mit ins Haus gebracht, die schön und weiß von Angesicht waren, aber garstig und schwarz von Herzen. Da fing eine schlimme Zeit für das arme Stiefkind an.

»Soll die dumme Gans bei uns in der Stube sitzen?« sprachen sie, »wer Brot essen will, muß es verdienen; hinaus mit der Küchenmagd!«

Sie nahmen ihm seine schönen Kleider weg, zogen ihm einen grauen, alten Kittel an und gaben ihm hölzerne Schuhe. »Seht einmal die stolze Prinzessin, wie sie geputzt ist!« riefen sie, lachten und führten es in die Küche. Da mußte es vom Morgen bis zum Abend schwere Arbeit tun, früh vor Tag aufstehen, Wasser tragen, Feuer machen, kochen und waschen. Obendrein taten ihm die Schwestern alles denkbare Herzeleid an, verspotteten es und schütteten ihm die Erbsen und Linsen in die Asche, so daß es sitzen und sie wieder auslesen mußte. Abends, wenn es müde war von der Arbeit, kam es in kein Bett, sondern mußte sich neben den Herd in die Asche legen. Und weil es darum immer staubig und schmutzig aussah, nannten sie es Aschenputtel.

Es trug sich zu, daß der Vater einmal auf den Markt ziehen wollte, da fragte er die beiden Stieftöchter, was er ihnen mitbringen sollte. »Schöne Kleider«, sagte die eine, »Perlen und Edelsteine«, die zweite. »Aber du, Aschenputtel«, sprach er, »was willst du haben?« – »Vater, das erste Reis, das Euch auf Eurem Heimweg an den Hut stößt, das brecht für mich ab!«

Er kaufte nun für die beiden Stiefschwestern schöne Kleider, Perlen und Edelsteine, und auf dem Rückweg, als er durch einen grünen Busch ritt, streifte ihn ein Haselreis und stieß ihm den Hut ab. Da brach er das Reis ab und nahm es mit. Als er nach Haus kam, gab er den Stieftöchtern, was sie sich gewünscht hatten, und dem Aschenputtel gab er das Reis von dem Haselbusch. Aschenputtel dankte ihm, ging zu seiner Mutter Grab und pflanzte das Reis darauf und weinte vor Kummer so sehr, daß die Tränen darauf niederfielen. Es wuchs aber und war ein schöner Baum. Aschenputtel ging alle Tage dreimal darunter, weinte und betete, und allemal kam ein weißes Vöglein auf den Baum, und wenn es einen Wunsch aussprach, so warf ihm das Vöglein herab, was es sich gewünscht hatte.

Es begab sich aber, daß der König ein Fest veranstaltete, das drei Tage dauern sollte und wozu alle schönen Jungfrauen im Lande eingeladen wurden, damit sich sein Sohn eine Braut aussuchen möchte. Die zwei Stiefschwestern, als sie hörten, daß sie auch dabei erscheinen sollten, waren guter Dinge, riefen Aschenputtel und sprachen: »Kämme uns die Haare, bürste uns die Schuhe und mache uns die Schnallen fest, wir gehen zur Hochzeit auf des Königs Schloß.« Aschenputtel gehorchte, weinte aber, weil es auch gern zum Tanz mitgegangen wäre, und bat die Stiefmutter, sie möchte es ihm erlauben. »Du, Aschenputtel«, sprach sie, »bist voll Staub und Schmutz und willst zur Hochzeit? Du hast keine Kleider und Schuhe und willst

Da kamen zum Küchenfenster zwei weiße Täubchen herein und danach die Turteltäubchen, und endlich schwirrten und schwärmten alle Vöglein unter dem Himmel herein . . .

tanzen?« Als es aber mit Bitten anhielt, sprach sie endlich. »Da habe ich dir eine Schüssel Linsen in die Asche geschüttet, wenn du die Linsen in zwei Stunden wieder ausgelesen hast, so sollst du mitgehen.« Das Mädchen ging durch die Hintertür nach dem Garten und rief: »Ihr zahmen Täubchen, ihr Turteltäubchen, all ihr Vöglein unter dem Himmel, kommt und helft mir lesen:

die guten ins Töpfchen,
die schlechten ins Kröpfchen!«

Da kamen zum Küchenfenster zwei weiße Täubchen herein und danach die Turteltäubchen, und endlich schwirrten und schwärmten die Vöglein unter dem Himmel herein und ließen sich um die Asche nieder. Und die Täubchen nickten mit dem Köpfchen und fingen an: pick, pick, pick, pick, und da fingen die übrigen auch an: pick, pick, pick, pick, und sie lasen alle guten Körner in die Schüssel. Kaum war eine Stunden um, so waren sie schon fertig und flogen alle wieder hinaus. Da brachte das Mädchen die Schüssel der Stiefmutter, freute sich und glaubte, es dürfte nun mit auf die Hochzeit gehen. Aber sie sprach: »Nein, Aschenputtel, du hast keine Kleider und kannst nicht tanzen. Du wirst nur ausgelacht.« Als es nun weinte, sprach sie: »Wenn du mir zwei Schüsseln voll Linsen in einer Stunde aus der Asche lesen kannst, so sollst du mitgehen«, und sie dachte: »Das kann es ja nimmermehr.« Als sie die zwei Schüsseln Linsen in die Asche geschüttet hatte, ging das Mädchen durch die Hintertür nach dem Garten und rief: »Ihr zahmen Täubchen, ihr Turteltäubchen, all ihr Vöglein unter dem Himmel, kommt und helft mir lesen:

die guten ins Töpfchen,
die schlechten ins Kröpfchen!«

Da kamen wieder zum Küchenfenster zwei weiße Täubchen herein und danach die Turteltäubchen, und endlich schwirrten und schwärmten alle Vöglein unter dem Himmel herein und ließen sich um die Asche nieder. Und die Täubchen nickten mit ihrem Köpfchen und fingen an: pick, pick, pick, pick, und da fingen die übrigen auch an: pick, pick, pick, pick, und sie lasen alle guten Körner in die Schüsseln. Und eh' eine halbe Stunde um war, waren sie schon fertig und flogen alle wieder hinaus. Da trug das Mädchen die Schüsseln zu der Stiefmutter, freute sich und glaubte, nun dürfte es mit auf die Hochzeit gehen. Aber sie sprach: »Es hilft dir alles nichts. Du kommst nicht mit, denn du hast keine Kleider und kannst nicht tanzen; wir müßten uns schämen.« Darauf kehrte sie ihm den Rücken zu und eilte mit ihren zwei stolzen Töchtern fort.

Als nun niemand mehr daheim war, ging Aschenputtel zu seiner Mutter Grab unter dem Haselnußbaum und rief:

»Bäumchen, rüttel dich und schüttel dich,
wirf Gold und Silber über mich!«

Da warf ihm der Vogel ein golden und silbern Kleid herunter und mit Seide und Silber ausgestickte Pantoffeln. In aller Eile zog es dies an und ging zur Hochzeit. Seine Schwestern aber und die Stiefmutter kannten es nicht und meinten, es müsse eine fremde Königstochter sein, so schön sah es in dem goldenen Kleide aus. An Aschenputtel dachten sie gar nicht und glaubten, es säße daheim im Schmutz.
Der Königssohn kam ihm entgegen, nahm es bei der Hand und tanzte mit ihm. Er wollte auch sonst mit niemand tanzen und ließ seine Hand nicht los, und wenn ein anderer kam, es aufzufordern, sprach er: »Das ist *meine* Tänzerin!«

Es tanzte, bis es Abend war, da wollte es nach Hause gehen. Der Königssohn aber sprach: »Ich gehe mit und begleite dich«, denn er wollte sehen, wem das schöne Mädchen angehörte. Sie entwischte ihm aber und sprang in das Taubenhaus. Nun wartete der Königssohn, bis der Vater kam, und sagte ihm, das fremde Mädchen wär' in das Taubenhaus gesprungen. Der Alte dachte: »Sollte es Aschenputtel sein?«, und sie mußten ihm Axt und Hacke bringen, damit er das Taubenhaus entzweischlagen konnte. Aber es war niemand darin. Und als sie ins Haus kamen, lag Aschenputtel in seinen schmutzigen Kleidern in der Asche, und ein trübes Öllämpchen brannte im Schornstein. Denn Aschenputtel war geschwind aus dem Taubenhaus hinten herabgesprungen und war zu dem Haselbäumchen gelaufen; da hatte es Kleid und Pantoffeln ausgezogen und aufs Grab gelegt, und der Vogel hatte alles wieder weggenommen, und dann hatte es sich in seinem grauen Kittelchen in die Küche zur Asche gesetzt.

Am andern Tag, als das Fest von neuem begann und die Eltern und Stiefschwestern wieder fort waren, ging Aschenputtel zu dem Haselbaum und rief:

»Bäumchen, rüttel dich und schüttel dich,
wirf Gold und Silber über mich!«

Da warf der Vogel ein noch viel schöneres Kleid und noch viel schönere Pantoffeln herab als am vorigen Tag. Und als es damit auf der Hochzeit erschien, erstaunte jedermann über seine Schönheit. Der Königssohn aber hatte gewartet, bis es kam, nahm es gleich bei der Hand und tanzte nur allein mit ihm. Wenn die anderen kamen und es aufforderten, sprach er: »Das ist *meine* Tänzerin!« Als es nun Abend war, wollte es fort, und der Königssohn ging ihm nach und wollte sehen, in welches Haus es ging. Aber es sprang fort und in den Garten hinter dem Haus. Darin stand ein schöner großer Baum, an dem die herrlichsten Birnen hingen. Es kletterte so behend wie ein Eichhörnchen zwischen die Äste, und der Königssohn wußte nicht, wo es hingekommen war. Er wartete aber, bis der Vater kam, und sprach zu ihm: »Das fremde Mädchen ist mir entwischt, und ich glaube, es ist auf den Birnbaum gesprungen.« Der Vater dachte: »Sollte es Aschenputtel sein?«, ließ sich die Axt holen und hieb den Baum um, aber es war niemand darauf. Und als sie in die Küche kamen, lag Aschenputtel da in der Asche wie sonst auch. Denn es war auf der andern Seite vom Baum herabgesprungen, hatte dem Vogel auf dem Haselbäumchen die schönen Sachen wiedergebracht und sein graues Kittelchen angezogen.

Am dritten Tag, als die Eltern und die Schwestern fort waren, ging Aschenputtel wieder zu seiner Mutter Grab unter dem Haselbaum und rief:

»Bäumchen, rüttel dich und schüttel dich,
wirf Gold und Silber über mich!«

Nun warf ihm der Vogel ein Kleid herab, das war so prächtig und glänzend, wie es noch keins gehabt hatte, und die Pantoffeln waren ganz golden. Als es damit zur Hochzeit kam, wußten sie alle nicht, was sie vor Verwunderung sagen sollten. Der Königssohn tanzte ganz allein mit ihm, und wenn es einer aufforderte, sprach er: »Das ist *meine* Tänzerin!« Und als es nun Abend wurde, wollte Aschenputtel fort, und der Königssohn wollte es begleiten, aber es entsprang ihm so geschwind, daß er nicht folgen konnte. Der Königssohn hatte aber eine List gebraucht und hatte die ganze Treppe mit Pech bestreichen lassen; da war, als es hinabsprang, der linke Pantoffel des Mädchens hängengeblieben. Der Königssohn hob ihn auf, und er war klein und zierlich und ganz golden.

Am nächsten Morgen ging er damit zu dem Mann und sagte zu ihm: »Keine andere soll meine Gemahlin werden als die, an deren Fuß dieser goldene Schuh paßt.«

Da freuten sich die beiden Schwestern, denn sie hatten zierliche Füße. Die älteste ging mit dem Schuh in die Kammer und wollte ihn anprobieren, und die Mutter stand dabei. Aber sie konnte mit der großen Zehe nicht hineinkommen, der Schuh war zu klein. Da reichte ihr die Mutter ein Messer und sprach: »Hau die Zehe ab! Wenn du Königin bist, so brauchst du nicht mehr zu Fuß zu gehen.« Das Mädchen hieb die Zehe ab, zwängte den Fuß in den Schuh, verbiß den Schmerz und ging hinaus zum Königssohn. Da nahm er sie als seine Braut aufs Pferd und ritt mit ihr fort. Sie mußten aber an dem Grabe vorbei, da saßen die zwei Täubchen auf dem Haselbäumchen und riefen:

»Rucke di guh, rucke di guh,
Blut ist im Schuh;
der Schuh ist zu klein,
die rechte Braut sitzt noch daheim!«

Da blickte der Königssohn auf ihren Fuß und sah, wie das Blut herausquoll. Er wendete sein Pferd, brachte die falsche Braut wieder nach Hause und sagte, das wäre nicht die rechte, die andere Schwester solle den Schuh anziehen. Da ging diese in die Kammer und kam mit den Zehen glücklich in den Schuh, aber die Ferse war zu groß. Da reichte ihr die Mutter ein Messer und sprach: »Hau ein Stück von der Ferse ab! Wenn du Königin bist, so brauchst du nicht mehr zu Fuß zu gehen.« Das Mädchen hieb ein Stück von der Ferse ab, zwängte den Fuß in den Schuh, verbiß den Schmerz und ging hinaus zum Königssohn. Da nahm er sie als seine Braut aufs Pferd und ritt mit ihr fort. Als sie an dem Haselbäumchen vorbeikamen, saßen die zwei Täubchen darauf und riefen:

»Rucke di guh, rucke di guh,
Blut ist im Schuh;
der Schuh ist zu klein,
die rechte Braut sitzt noch daheim!«

Er blickte nieder auf ihren Fuß und sah, wie das Blut aus dem Schuh quoll und an den weißen Strümpfen ganz rot heraufgestiegen war. Da wendete er sein Pferd und brachte die falsche Braut wieder nach Haus. »Das ist auch nicht die rechte«, sprach er, »habt Ihr keine andere Tochter?« – »Nein«, sagte der Mann, »nur von meiner verstorbenen Frau ist noch ein kleines verkümmertes Aschenputtel da, das kann unmöglich die Braut sein.« Der Königssohn verlangte, er solle es herausschicken, die Mutter aber antwortete: »Ach nein, das ist viel zu schmutzig, das darf sich nicht sehen lassen.« Er wollte es aber durchaus sehen, und Aschenputtel mußte gerufen werden. Da wusch es sich erst Hände und Angesicht rein, ging dann hin und neigte sich vor dem Königssohn, der ihm den goldenen Schuh reichte. Dann setzte es sich auf einen Schemel, zog den Fuß aus dem schweren Holzschuh und steckte ihn in den zierlichen Pantoffel, der paßte wie angegossen. Und als es sich aufrichtete und der König ihm ins Gesicht sah, erkannte er das schöne Mädchen, das mit ihm getanzt hatte, und er rief: »Das ist die rechte Braut!« Die Stiefmutter und die beiden Schwestern erschraken und wurden bleich vor Ärger. Er aber nahm Aschenputtel aufs Pferd und ritt mit ihm fort.
Als sie an dem Haselbäumchen vorbeikamen, riefen die zwei Täubchen:

»Rucke di guh, rucke di guh,
kein Blut ist im Schuh;
der Schuh ist nicht zu klein,
die rechte Braut, die führt er heim!«

Und als sie das gerufen hatten, kamen sie beide herabgeflogen und setzten sich dem Aschenputtel auf die Schultern, eines rechts, das andere links, und blieben da sitzen.
Als die Hochzeit mit dem Königssohn gehalten werden sollte, kamen die falschen Schwestern, wollten sich einschmeicheln und am Glück ihrer Stiefschwester teilhaben. Als die Brautleute nun zur Kirche gingen, war die ältere zur rechten, die jüngere zur linken Seite. Da pickten die Tauben einer jeden das eine Auge aus. Danach, als sie herausgingen, war die ältere zur linken und jüngere zur rechten; da pickten die Tauben einer jeden das andere Auge aus. So waren sie bis zum Lebensende für ihre Bosheit und Falschheit mit Blindheit gestraft.

Allerleirauh

Es war einmal ein König, der hatte eine Frau mit goldenen Haaren, und sie war so schön, daß sich ihresgleichen nicht mehr auf Erden fand. Es geschah, daß sie krank lag, und als sie fühlte, daß sie bald sterben würde, rief sie den König und sprach: »Wenn du nach meinem Tode dich wieder vermählen willst, so nimm keine, die nicht ebenso schön ist, wie ich bin, und die nicht solche Haare hat, wie ich habe; das mußt du mir versprechen!« Nachdem es ihr der König versprochen hatte, tat sie die Augen zu und starb.

Der König war lange Zeit nicht zu trösten und dachte nicht daran, eine zweite Frau zu nehmen. Endlich sprachen seine Räte: »Es geht nicht anders, der König muß sich wieder vermählen, damit wir eine Königin haben.« Nun wurden Boten weit und breit umhergeschickt, eine Braut zu suchen, die an Schönheit der verstorbenen Königin ganz gleichkäme. Es war aber keine in der ganzen Welt zu finden, und wenn man sie auch gefunden hätte, so war doch keine da, die solche goldenen Haare gehabt hätte. Also kamen die Boten unverrichteter Sache wieder heim.

Nun hatte der König eine Tochter, die war geradeso schön wie ihre verstorbene Mutter und hatte auch solche goldenen Haare. Als sie herangewachsen war, sah sie der König einmal an und sah, daß sie in allem seiner verstorbenen Gemahlin ähnlich war, und fühlte plötzlich eine heftige Liebe zu ihr. Da sprach er zu seinen Räten: »Ich will meine Tochter heiraten, denn sie ist das Ebenbild meiner verstorbenen Frau, und sonst kann ich doch keine Braut finden, die ihr gleicht.« Als die Räte das hörten, erschraken sie und sprachen: »Gott hat verboten, daß der Vater seine Tochter heirate, aus solcher Sünde kann nichts Gutes entspringen, und das Reich wird mit ins Verderben gezogen.« Die Tochter erschrak noch mehr, als sie den Entschluß ihres Vaters vernahm, hoffte aber, ihn von seinem Vorhaben noch abzubringen. Da sagte sie zu ihm: »Eh' ich Euren Wunsch erfülle, muß ich erst drei Kleider haben: eins so golden wie die Sonne, eins so silbern wie der Mond und eins so glänzend wie die Sterne; ferner verlange ich einen Mantel von tausenderlei Pelz und Rauhwerk zusammengesetzt, und ein jedes Tier in Eurem Reich muß ein Stück von seiner Haut dazu geben.« Sie dachte aber: »Das anzuschaffen ist ganz unmöglich, und ich bringe damit meinen Vater von seinen bösen Gedanken ab.«

Der König ließ aber nicht ab, und die geschicktesten Jungfrauen in seinem Reich mußten die drei Kleider weben, eins so golden wie die Sonne, eins so silbern wie der Mond und eins so glänzend wie die Sterne. Und seine Jäger mußten alle Tiere im ganzen Reich auffangen und ihnen ein Stück von ihrer Haut abziehen; daraus ward ein Mantel aus tausenderlei Rauhwerk gemacht. Endlich, als alles fertig war, ließ der König den Mantel herbeiholen, breitete ihn vor ihr aus und sprach: »Morgen soll die Hochzeit sein!«

Als nun die Königstochter sah, daß keine Hoffnung mehr war, ihres Vaters Herz umzuwandeln, faßte sie den Entschluß zu entfliehen. In der Nacht, während alles schlief, stand sie auf und nahm von ihren Kostbarkeiten dreierlei: einen goldenen Ring, ein goldenes Spinnrädchen und ein goldenes Haspelchen. Die drei Kleider von Sonne, Mond und Sterne tat sie in eine Nußschale, zog den Mantel von allerlei Rauhwerk an und machte sich Gesicht und Hände mit Ruß schwarz. Dann befahl sie sich Gott und ging fort und ging die ganze Nacht, bis sie in einen großen Wald kam. Und weil sie müde war, setzte sie sich in einen hohlen Baum und schlief ein.

Die Sonne ging auf, und die Königstochter

schlief weiter, und sie schlief noch immer, als es auch schon hoher Tag war. Da trug es sich zu, daß der König, dem dieser Wald gehörte, darin jagte. Als seine Hunde zu dem Baum kamen, schnupperten sie, liefen ringsherum und bellten. Sprach der König zu den Jägern: »Seht doch, was sich dort für ein Wild versteckt hat.« Die Jäger folgten dem Befehl, und als sie wiederkamen, sprachen sie: »In dem hohlen Baum liegt ein wunderliches Tier, wie wir noch niemals eins gesehen haben; an seiner Haut ist tausenderlei Pelz; es liegt aber und schläft.« Sprach der König: »Seht zu, ob ihr's lebendig fangen könnt, dann bindet's auf den Wagen und nehmt's mit!« Als die Jäger das Mädchen anfaßten, erwachte es voll Schrecken und rief ihnen zu: »Ich bin ein armes Kind, von Vater und Mutter verlassen, erbarmt euch meiner und nehmt mich mit!« Da sprachen sie: »Allerleirauh, du bist gut für die Küche, komm nur mit, da kannst du die Asche zusammenkehren.« Also setzten sie es auf den Wagen und fuhren heim in das königliche Schloß. Dort wiesen sie ihm ein Ställchen an unter der Treppe, wo kein Tageslicht hinkam, und sagten: »Rauhtierchen, da kannst du wohnen und schlafen.« Dann ward es in die Küche geschickt, da trug es Holz und Wasser, schürte Feuer, rupfte Federvieh, putzte Gemüse, kehrte Asche und tat alle niedrige Arbeit.

So lebte Allerleirauh lange Zeit recht armselig. Es geschah aber einmal, daß ein Fest im Schloß gefeiert ward, da sprach sie zum Koch: »Darf ich ein wenig hinaufgehen und zusehen? Ich will mich außen vor die Tür stellen.« Antwortete der Koch: »Ja, geh nur hin, aber in einer halben Stunde mußt du wieder hiersein und die Asche zusammentragen!« Da nahm sie ihr Öllämpchen, ging in ihr Ställchen, zog den Pelzrock aus und wusch sich den Ruß von Gesicht und Händen, so daß ihre volle Schönheit wieder zutage trat. Dann machte sie die Nuß auf und holte ihr Kleid hervor, das wie die Sonne glänzte. Und wie das geschehen war, ging sie hinauf zum Fest, und man trat ihr aus dem Weg, denn niemand kannte sie, und alle meinten nicht anders, als daß es eine Königstochter wäre. Der König aber kam ihr entgegen, reichte ihr die Hand und tanzte mit ihr und dachte in seinem Herzen: »So schön haben meine Augen noch keine gesehen.« Als der Tanz zu Ende war, verneigte sie sich, und wie sich der König umsah, war sie verschwunden, niemand wußte, wohin. Die Wächter, die vor dem Schlosse standen, wurden gerufen und ausgefragt, aber niemand hatte sie erblickt.

Sie war aber in ihr Ställchen gelaufen, hatte geschwind ihr Kleid ausgezogen, Gesicht und Hände schwarz gemacht und den Pelzmantel umgetan und war wieder Allerleirauh. Als sie nun in die Küche kam und an ihre Arbeit gehen und die Asche zusammenkehren wollte, sprach der Koch: »Laß das gut sein bis morgen, und koche mir da die Suppe für den König, ich will auch einmal ein bißchen oben zugucken, aber laß mir kein Haar hineinfallen, sonst kriegst du in Zukunft nichts mehr zu essen!« Da ging der Koch fort, und Allerleirauh kochte die Suppe für den König, und es kochte eine Brotsuppe, so gut es konnte, und wie sie fertig war, holte es in dem Ställchen seinen goldenen Ring und legte ihn in die Schüssel, in welche die Suppe angerichtet ward. Als der Tanz zu Ende war, ließ sich der König die Suppe bringen und aß sie, und sie schmeckte ihm so gut, daß er meinte, niemals eine bessere Suppe gegessen zu haben. Wie er aber auf den Grund kam, sah er da einen goldenen Ring liegen und konnte nicht begreifen, wie er dahingeraten war. Da befahl er, der Koch sollte kommen. Der Koch erschrak, als er den Befehl hörte, und sprach zum Allerleirauh: »Gewiß hast du ein Haar in die Suppe fallen lassen; wenn's wahr ist, so kriegst du Schläge!« Als er vor den König kam, fragte dieser, wer die Suppe gekocht hatte? Antwortete der Koch: »*Ich* habe sie gekocht.« Der König aber sprach: »Das ist nicht wahr, denn sie war auf andere Art und viel besser gekocht als sonst.« Sagte der Koch: »Ich muß gestehen, daß ich sie nicht gekocht habe, sondern das Rauhtierchen.« Sprach der König: »Geh und laß es heraufkommen!«

Als Allerleirauh kam, fragte der König: »Wer bist du?« – »Ich bin ein armes Kind, das weder Vater noch Mutter hat.« Er fragte weiter: »Wozu bist du in meinem Schloß?« Antwortete es: »Ich bin zu nichts gut, als daß mir die Stiefel um den Kopf geworfen werden.« Er fragte weiter: »Wo hast du den Ring her, der in der Suppe war?« Antwortete es: »Von dem Ring weiß ich nichts.« So konnte der König nichts erfahren und mußte es wieder fortschicken.

Nach einiger Zeit war wieder ein Fest, da bat Allerleirauh den Koch abermals um Erlaubnis, zusehen zu dürfen. Er antwortete: »Ja, aber komm in einer halben Stunde wieder und koch dem König die Brotsuppe, die er so gerne ißt.« Da lief sie in ihr Ställchen, wusch sich geschwind, nahm aus der Nuß das Kleid, das so silbern war wie der Mond, und zog es an. Dann ging sie hinauf und glich einer Königstochter, und der König trat ihr entgegen und freute sich, daß er sie wiedersah, und weil eben der Tanz anhob, so tanzten sie zusammen. Als aber der Tanz zu Ende war, verschwand sie wieder so schnell, daß der König nicht bemerken konnte, wo sie hinging. Sie sprang aber in ihr Ställchen und machte sich wieder zum Rauhtierchen und ging in die Küche, die Brotsuppe zu kochen. Als der Koch oben war, holte es das goldene Spinnrad und tat es in die Schüssel, so daß die Suppe darüber angerichtet wurde. Danach wurde sie dem König gebracht, der aß sie, und sie schmeckte ihm so gut wie das vorige Mal. Er ließ den Koch kommen, der mußte auch diesmal gestehen, daß Allerleirauh die Suppe gekocht hätte. Allerleirauh kam wieder vor den König und antwortete abermals: »Ich bin zu nichts gut, als daß mir die Stiefel an den Kopf geworfen werden, und von dem goldenen Spinnrädchen weiß ich nichts.«

Als der König zum drittenmal ein Fest veranstaltete, war es nicht anders als die vorigen Male. Der Koch sprach zwar: »Du bist eine Hexe, Rauhtierchen, und tust immer was in die Suppe, wovon sie so gut wird und dem König besser schmeckt, als wenn ich sie koche.« Doch weil sie so bat, ließ er sie wieder für eine halbe Stunde zum Fest gehen. Nun zog sie das Kleid an, das wie die Sterne glänzte, und trat damit in den Saal.

Der König tanzte wieder mit der schönen Jungfrau und meinte, daß sie noch niemals so schön gewesen sei. Und während er tanzte, steckte er ihr, ohne daß sie es merkte, einen goldenen Ring an den Finger, und er hatte befohlen, daß der Tanz recht lange währen sollte.

Als er zu Ende war, wollte er sie an den Händen festhalten, aber sie riß sich los und sprang so geschwind unter die Leute, daß sie vor seinen Augen verschwand. Sie lief in ihr Ställchen unter der Treppe, weil sie aber zu lange und über eine halbe Stunde geblieben war, so konnte sie das schöne Kleid nicht ausziehen, sondern warf nur den Pelzmantel darüber, und in der Eile machte sie sich auch nicht ganz rußig, sondern ein Finger blieb weiß.

Allerleirauh lief nun in die Küche, kochte dem König die Brotsuppe und legte, wie der Koch fort war, den goldenen Haspel hinein. Der König, als er den Haspel auf dem Grunde fand, ließ Allerleirauh rufen, da erblickte er den weißen Finger und sah den Ring, den er ihr beim Tanz angesteckt hatte. Da ergriff er sie an der Hand und hielt sie fest, und als sie sich losmachen und fortspringen wollte, tat sich der Mantel ein wenig auf und das Sternenkleid schimmerte hervor. Der König faßte den Pelz und riß ihn herunter. Da kamen die goldenen Haare hervor, und sie stand da in voller Pracht und konnte sich nicht länger verbergen. Und als sie Ruß und Asche aus ihrem Gesicht gewischt hatte, da war sie schöner, als man je wen auf Erden gesehen hat. Der König aber sprach: »Du bist meine liebe Braut, und wir scheiden nimmermehr voneinander!« Darauf wurde die Hochzeit gefeiert, und sie lebten vergnügt bis an ihr Ende.

Und weil sie müde war, setzte sie sich in einen hohlen Baum und schlief ein.

»Tischchen deck dich«, »Goldesel« und »Knüppel aus dem Sack«

Vorzeiten war ein Schneider, der drei Söhne hatte und nur eine einzige Ziege. Aber die Ziege, weil sie alle zusammen mit ihrer Milch ernährte, mußte ihr gutes Futter haben und täglich hinaus auf die Weide geführt werden. Die Söhne taten das auch nach der Reihe. Einmal brachte sie der älteste auf den Kirchhof, wo die schönsten Kräuter standen, ließ sie da fressen und herumspringen. Abends, als es Zeit war heimzugehen, fragte er: »Ziege, bist du satt?« Die Ziege antwortete:

»Ich bin so satt,
ich mag kein Blatt, meh! meh!«

»So komm nach Haus«, sprach der Junge, faßte sie am Strickchen, führte sie in den Stall und band sie fest. »Nun«, sagte der alte Schneider, »hat die Ziege ihr gehöriges Futter?« – »Oh«, antwortete der Sohn, »die ist so satt, sie mag kein Blatt.« Der Vater aber wollte sich selbst überzeugen, ging hinab in den Stall, streichelte das liebe Tier und fragte: »Ziege, bist du auch satt?« Die Ziege antwortete:

»Wovon sollt' ich satt sein?
Ich sprang nur über Gräbelein
und fand kein einzig Blättelein, meh! meh!«

Und in seinem Zorn nahm er die Elle von der Wand und jagte ihn mit Schlägen hinaus.
Am andern Tag war die Reihe am zweiten Sohn, der suchte an der Gartenhecke einen Platz aus, wo lauter gute Kräuter standen, und die Ziege fraß sie ganz ab. Abends, als er heim wollte, fragte er: »Ziege, bist du satt?« Die Ziege antwortete:

»Ich bin so satt,
ich mag kein Blatt, meh! meh!«

»So komm nach Haus«, sprach der Junge, zog sie heim und band sie im Stall fest. »Nun«, sagte der alte Schneider, »hat die Ziege ihr gehöriges Futter?« – »Oh«, antwortete der Sohn, »die ist so satt, sie mag kein Blatt.« Der Schneider wollte sich darauf nicht verlassen, ging hinab in den Stall und fragte: »Ziege, bist du auch satt?« Die Ziege antwortete:

»Wovon sollt' ich satt sein?
Ich sprang nur über Gräbelein
und fand kein einzig Blättelein, meh! meh!«

»Der gottlose Bösewicht!« schrie der Schneider. »So ein braves Tier hungern zu lassen!« Dann lief er hinauf und schlug mit der Elle den Jungen zur Haustür hinaus.
Die Reihe kam jetzt an den dritten Sohn, der wollte seine Sache gut machen, suchte Buschwerk mit dem schönsten Laube aus und ließ die Ziege daran fressen. Abends, als er heim wollte, fragte er: »Ziege, bist du satt?« Die Ziege antwortete:

»Ich bin so satt,
ich mag kein Blatt, meh! meh!«

»So komm nach Haus«, sagte der Junge, führte sie in den Stall und band sie fest. »Nun«, sagte der alte Schneider, »hat die Ziege ihr gehöriges Futter?« – »Oh«, antwortete der Sohn, »die ist so satt, sie mag kein Blatt.« Der Schneider traute ihm nicht, ging hinab und fragte: »Ziege, bist du auch satt?« Das boshafte Tier antwortete:

»Wovon sollt' ich satt sein?
Ich sprang nur über Gräbelein
und fand kein einzig Blättelein, meh! meh!«

»Oh, die Lügenbrut!« rief der Schneider. »Einer so gottlos und pflichtvergessen wie der andere! Ihr sollt mich nicht länger zum Narren halten!« Und vor Zorn ganz außer sich, sprang er hinauf und gerbte dem armen Jungen mit der Elle den Rücken so gewaltig, daß er zum Haus hinaussprang.
Der alte Schneider war nun mit seiner Ziege al-

lein. Am andern Morgen ging er hinab in den Stall, liebkoste die Ziege und sprach: »Komm, mein liebes Tierlein, ich will dich selbst zur Weide führen.« Er nahm sie am Strick und brachte sie zu grünen Hecken und saftigen Kräutern und was sonst die Ziegen gerne fressen. »Da kannst du dich einmal nach Herzenslust satt fressen«, sprach er zu ihr und ließ sie weiden bis zum Abend. Dann fragte er: »Ziege, bist du satt?« Die Ziege antwortete:

»Ich bin so satt,
ich mag kein Blatt, meh! meh!«

»So komm nach Haus«, sagte der Schneider, führte sie in den Stall und band sie fest. Als er wegging, kehrte er sich noch einmal um und sagte: »Nun bist du doch einmal satt?« Aber die Ziege machte es ihm nicht besser und rief:

»Wovon sollt' ich satt sein?
Ich sprang nur über Gräbelein
und fand kein einzig Blättelein, meh! meh!«

Als der Schneider das hörte, stutzte er und wußte, daß er seine drei Söhne ohne Grund verstoßen hatte. »Warte«, rief er, »du undankbares Geschöpf! Dich fortzujagen ist noch zuwenig, ich will dich zeichnen, daß du dich unter ehrbaren Schneidern nicht mehr darfst sehen lassen.« Eilig sprang er hinauf, holte sein Bartmesser, seifte der Ziege den Kopf ein und schor sie so glatt wie seine flache Hand. Und weil die Elle zu ehrenvoll gewesen wäre, holte er die Peitsche und versetzte ihr solche Hiebe, daß sie in gewaltigen Sprüngen davonlief.

Der Schneider, als er so ganz einsam in seinem Hause saß, verfiel in große Traurigkeit und hätte seine Söhne gerne wiedergehabt, aber niemand wußte, wo sie hingeraten waren. Der älteste war zu einem Schreiner in die Lehre gegangen, da lernte er fleißig und unverdrossen, und als seine Zeit um war, schenkte ihm der Meister ein Tischchen, das gar kein besonderes Aussehen hatte und von gewöhnlichem Holz war; aber es hatte eine ganz besonders gute Eigenschaft. Wenn man es hinstellte und sprach: »Tischchen, deck dich!«, so war das gute Tischchen auf einmal mit einem sauberen Tüchlein bedeckt, und da standen ein Teller und Messer und Gabel daneben und Schüsseln mit Gesottenem und Gebratenem, soviel Platz hatte, und ein großes Glas mit rotem Wein leuchtete, daß einem das Herz lachte. Der junge Geselle dachte: »Damit hast du genug für dein Lebtag«, zog guter Dinge in der Welt umher und bekümmerte sich gar nicht darum, ob ein Wirtshaus gut oder schlecht und ob etwas darin zu finden war oder nicht. Wenn es ihm gefiel, so kehrte er gar nicht ein, sondern im Felde, im Wald, auf einer Wiese, wo er Lust hatte, nahm er sein Tischchen vom Rücken, stellte es vor sich und sprach: »Deck dich!«, so war alles da, was sein Herz begehrte. Endlich kam es ihm in den Sinn, er wollte zu seinem Vater zurückkehren; dessen Zorn würde sich gelegt haben, und mit dem »Tischchen deck dich« würde er ihn gerne wieder aufnehmen. Es trug sich zu, daß er auf dem Heimweg abends in ein Wirtshaus kam, das mit Gästen angefüllt war. Sie hießen ihn willkommen und luden ihn ein, sich zu ihnen zu setzen und mit ihnen zu essen, sonst würde er schwerlich noch etwas bekommen. »Nein«, antwortete der Schreiner, »die paar Bissen will ich euch nicht wegnehmen, lieber sollt ihr meine Gäste sein.« Sie lachten und meinten, er triebe seinen Spaß mit ihnen. Er aber stellte sein hölzernes Tischchen mitten in die Stube und sprach: »Tischchen, deck dich!« Augenblicklich war es mit Speisen besetzt, so gut, wie sie der Wirt nicht hätte herbeischaffen können und wovon der Geruch den Gästen lieblich in die Nase stieg. »Zugegriffen, liebe Freunde!« sprach der Schreiner, und die Gäste, als sie sahen, wie es gemeint war, ließen sich nicht zweimal bitten, rückten heran, zogen ihre Messer und griffen tapfer zu. Und was sie am meisten verwunderte, wenn eine Schüssel leer geworden war, so stellte sich gleich von selbst eine volle an ihren Platz. Der Wirt stand in einer Ecke und sah zu; er wußte gar nicht, was er sagen sollte, dachte aber: »Einen solchen Koch könntest du in deiner Wirtschaft wohl brauchen.« Der Schreiner und seine Gesellschaft waren lustig bis in die späte Nacht, endlich legten sie sich schlafen, und der junge Geselle ging auch zu Bett und stellte sein Wünschtischchen an die Wand. Dem Wirte aber ließen seine Gedanken keine Ruhe, es fiel ihm ein, daß in seiner Rumpelkammer ein Tischchen stünde, daß geradeso aussähe; das holte er ganz sachte herbei und vertauschte es mit dem Wünschtischchen. Am anderen Morgen zahlte der Schreiner sein Schlafgeld, packte sein Tischchen auf, dachte gar nicht daran, daß er ein falsches hätte, und ging seiner Wege. Zu Mittag kam er bei seinem Vater an, der ihn mit großer Freude empfing. »Nun, mein lieber Sohn, was hast du gelernt?« fragte er ihn. – »Vater, ich bin Schreiner geworden.« – »Ein gutes Handwerk«, erwiderte der Alte, »aber was hast du von deiner Wanderschaft mitgebracht?« – »Vater, das Beste, was ich mitgebracht habe, ist ein Tischchen.« Der Schneider betrachtete es von allen Seiten und sagte: »Damit hast du kein Meisterstück gemacht, das ist ein altes und schlechtes Tischchen.« – »Aber es ist ein ›Tischchen deck dich‹«, antwortete der Sohn, »und wenn ich es hinstelle und sage ihm, es solle sich decken, so stehen gleich die schönsten Gerichte darauf und ein Wein dabei, der das Herz erfreut. Ladet nur alle Verwandten und Freunde ein, die sollen sich einmal laben und erquicken, denn das Tischchen macht alle satt.« Als die Gesellschaft beisammen war, stellte er sein Tischchen mitten in die Stube und sprach »Tischchen, deck dich!« Aber das Tischchen regte sich nicht und blieb so leer wie ein anderer Tisch, der die Sprache nicht versteht. Da merkte der arme Geselle, daß ihm das Tischchen vertauscht war, und schämte sich, daß er wie ein Lügner dastand. Die Verwandten aber lachten ihn aus und mußten durstig und hungrig wieder heimwandern. Der Vater holte seine Lappen wieder herbei und schneiderte fort, der Sohn aber ging bei einem Meister in die Arbeit.

Der zweite Sohn war zu einem Müller gekommen und bei ihm in die Lehre gegangen. Als er seine Jahre um hatte, sprach der Meister: »Weil du dich so wohl gehalten hast, schenke ich dir einen Esel von einer besonderen Art, er zieht nicht am Wagen und trägt auch keine Säcke.« – »Wozu ist er denn nütze?« fragte der junge Geselle. – »Er speit Gold«, antwortete der Müller. »Wenn du ihn auf ein Tuch stellst und sprichst: ›Bricklebrit!‹, so speit das gute Tier Goldstücke aus, hinten und vorn.« – »Das ist eine schöne Sache«, sprach der Geselle, dankte dem Meister und zog in die Welt. Wenn er Gold nötig hatte, brauchte er nur zu seinem Esel »Bricklebrit!« zu sagen, so regnete es Goldstücke, und er hatte weiter keine Mühe, als sie von der Erde aufzuheben. Wo er hinkam, war ihm das Beste gut genug, je teurer, je lieber, denn er hatte immer einen vollen Beutel. Als er sich eine Zeitlang in der Welt umgesehen hatte, dachte er: »Du mußt deinen Vater aufsuchen, wenn du mit dem ›Goldesel‹ kommst, so wird er seinen Zorn vergessen und dich gut aufnehmen.« Es trug sich zu, daß er in dasselbe Wirtshaus geriet, in welchem seinem Bruder das Tischchen vertauscht worden war. Er führte seinen Esel an der Hand, und der Wirt wollte ihm das Tier abnehmen und anbinden, der junge Geselle aber sprach: »Gebt Euch keine Mühe, meinen Grauschimmel führe ich selbst in den Stall und binde ihn auch selbst an, denn ich muß wissen, wo er steht.« Dem Wirt kam das wunderlich vor, und er meinte, einer, der seinen Esel selbst besorgen müßte, hätte nicht viel zu verzehren; aber als der Fremde in die Tasche griff, zwei Goldstücke herausholte und sagte, er solle nur etwas Gutes für ihn einkaufen, so machte er große Augen, lief und suchte das Beste, was er auftreiben konnte. Nach der Mahlzeit fragte der Gast, was er schuldig wäre, und der Wirt sagte, noch ein paar Goldstücke müßte er zulegen. Der Geselle griff in die Tasche, aber sein Geld war eben zu Ende. »Wartet einen Augenblick, Herr Wirt«, sprach er, »ich will nur gehen und Gold holen!«, nahm aber das Tischtuch mit. Der Wirt wußte nicht, was das heißen sollte, schlich ihm nach, und da der Gast die Stalltür zuriegelte, so

»Zugegriffen, liebe Freunde!« sprach der Schreiner, und die Gäste, als sie sahen, wie es gemeint war, ließen sich nicht zweimal bitten . . .

guckte er durch ein Astloch. Der Fremde breitete unter dem Esel das Tuch aus, rief »Bricklebrit!«, und augenblicklich fing das Tier an, Gold zu speien, von hinten und von vorn, daß es ordentlich auf die Erde herabregnete. »Ei der Tausend!« sagte der Wirt, »da sind die Dukaten bald geprägt! So ein Geldbeutel ist nicht übel!« Der Gast bezahlte seine Zeche und legte sich schlafen, der Wirt aber schlich in der Nacht herab in den Stall, führte den Münzmeister weg und band einen anderen Esel an seine Stelle. Am folgenden Morgen in der Frühe zog der Geselle mit seinem Esel ab und meinte, er hätte seinen »Goldesel«. Mittags kam er bei seinem Vater an, der sich freute, als er ihn wiedersah, und ihn gerne aufnahm. »Was ist aus dir geworden, mein Sohn?« fragte der Alte. – »Ein Müller, lieber Vater«, antwortete er. – »Was hast du von deiner Wanderschaft mitgebracht?« – »Weiter nichts als einen Esel.« – »Esel gibt's hier genug«, sagte der Vater, »da wäre mir doch eine gute Ziege lieber gewesen.« – »Ja«, antwortete der Sohn, »aber es ist kein gemeiner Esel, sondern ein ›Goldesel‹: wenn ich sage ›Bricklebrit!‹, so speit Euch das gute Tier ein ganzes Tuch voll Goldstücke. Laßt nur alle Verwandten herbeirufen, ich mache sie alle zu reichen Leuten.« – »Das lass' ich mir gefallen«, sagte der Schneider, »dann brauch' ich mich mit der Nadel nicht weiter zu quälen«, sprang selbst fort und rief die Verwandten herbei. Sobald sie beisammen waren, hieß sie der Müller Platz machen, breitete sein Tuch aus und brachte den Esel in die Stube. »Jetzt gebt acht!« sagte er und rief: »Bricklebrit!« Aber es waren keine Goldstücke, was herabfiel, es zeigte sich, daß das Tier nichts von der gepriesenen Kunst verstand. Da machte der arme Müller ein langes Gesicht, sah, daß er betrogen war, und bat die Verwandten um Verzeihung, die so arm heimgingen, wie sie gekommen waren. Es blieb nichts übrig, der Alte mußte wieder nach der Nadel greifen und der Junge sich bei einem Müller verdingen.

Der dritte Bruder war zu einem Drechsler in die Lehre gegangen, und weil es ein kunstreiches Handwerk ist, mußte er am längsten lernen. Seine Brüder aber meldeten ihm in einem Briefe, wie schlimm es ihnen ergangen war und wie sie der Wirt noch am letzten Abend um ihre schönen Wünschdinge gebracht hatte. Als der Drechsler nun ausgelernt hatte und wandern sollte, so schenkte ihm sein Meister, weil er sich so wohl gehalten, einen Sack und sagte: »Es liegt ein Knüppel darin.« – »Den Sack kann ich umhängen, und er kann mir gute Dinge leisten, aber was soll der Knüppel darin? Der macht ihn nur schwer.« – »Das will ich dir sagen«, antwortete der Meister, »hat dir jemand etwas zuleide getan, so sprich nur: ›Knüppel, aus dem Sack!‹, so springt dir der Knüppel heraus unter die Leute und tanzt ihnen so lustig auf dem Rücken herum, daß sie sich acht Tage lang nicht regen und bewegen können; und eher läßt er nicht ab, als bis du sagst: ›Knüppel, in den Sack!‹« Der Geselle dankte ihm, hing den Sack um, und wenn jemand zu nahe kam und ihm etwas antun wollte, so sprach er: »Knüppel, aus dem Sack!« Alsbald sprang der Knüppel heraus und klopfte einem nach dem andern den Rock oder Wams gleich auf dem Rücken aus und wartete nicht erst, bis er ihn ausgezogen hatte; und das ging so geschwind, daß, ehe sich's einer versah, die Reihe schon an ihm war. Der junge Drechlser langte zur Abendzeit in dem Wirtshaus an, wo seine Brüder betrogen worden waren. Er legte seinen Ranzen vor sich auf den Tisch und fing an zu erzählen, was er alles Merkwürdiges in der Welt gesehen habe. »Ja«, sagte er, »man findet wohl ein ›Tischchen deck dich‹, einen ›Goldesel‹ und dergleichen, lauter gute Dinge, die ich nicht verachte; aber das ist alles nichts gegen den Schatz, den ich erworben habe und mit mir da in meinem Sack führe.« Der Wirt spitzte die Ohren: »Was in aller Welt mag das sein?« dachte er, »der Sack ist wohl mit lauter Edelsteinen angefüllt; den sollte ich billig auch noch haben, denn aller guten Dinge sind drei.« Als Schlafenszeit war, streckte sich der Gast auf die Bank und legte seinen Sack als Kopfkissen unter. Der Wirt, als er meinte, der Gast läge in tiefem Schlaf, ging herbei, rückte und zog ganz sachte und vorsichtig an dem Sack, ob er ihn vielleicht wegziehen und einen andern unterlegen könnte. Der Drechsler aber hatte schon lange darauf gewartet; wie nun der Wirt eben einen herzhaften Ruck tun wollte, rief er: »Knüppel, aus dem Sack!« Alsbald fuhr das Knüppelchen heraus, dem Wirt auf den Leib und rieb ihm die Nähte, daß es eine Art hatte. Der Wirt schrie zum Erbarmen, aber je lauter er schrie, desto kräftiger schlug der Knüppel ihm den Takt dazu auf den Rücken, bis er endlich erschöpft zur Erde fiel. Da sprach der Drechsler: »Wenn du das ›Tischchen deck dich‹ und den ›Goldesel‹ nicht wieder herausgibst, so soll der Tanz von neuem angehen!« – »Ach nein«, rief der Wirt ganz kleinlaut, »ich gebe alles gerne wieder heraus, laßt nur den verwünschten Kobold wieder in den Sack kriechen!«

Da sprach der Geselle: »Ich will Gnade für Recht ergehen lassen, aber hüte dich vor Schaden!« Dann rief er: »Knüppel, in den Sack!« und ließ ihn ruhen.

Der Drechsler zog am andern Morgen mit dem »Tischchen deck dich!« und dem »Goldesel« heim zu seinem Vater. Der Schneider freute sich, als er ihn wiedersah, und fragte auch ihn, was er in der Fremde gelernt hätte. »Lieber Vater«, antwortete er, »ich bin ein Drechsler geworden.« – »Ein kunstreiches Handwerk«, sagte der Vater, »was hast du von der Wanderschaft mitgebracht?« – »Ein kostbares Stück, lieber Vater«, antwortete der Sohn, »einen ›Knüppel aus dem Sack‹.« – »Was«, rief der Vater, »einen Knüppel? Das ist der Mühe wert! Den kannst du dir von jedem Baume abhauen.« – »Aber einen solchen nicht, lieber Vater. Sage ich: ›Knüppel, aus dem Sack!‹, so springt der Knüppel heraus und macht mit dem, der es nicht gut mit mir meint, einen schlimmen Tanz und läßt nicht eher nach, als bis er auf der Erde liegt und um Gnade bittet. Seht ihr, mit diesem Knüppel habe ich das ›Tischchen deck dich‹ und den ›Goldesel‹ wieder herbeigeschafft, die der diebische Wirt meinen Brüdern abgenommen hatte. Jetzt laßt sie beide rufen und ladet alle Verwandten ein, ich will ihnen zu essen und zu trinken geben und will ihnen die Taschen noch mit Gold füllen.« Der alte Schneider wollte ihm nicht recht trauen, brachte aber doch die Verwandten herbei. Da breitete der Drechsler ein Tuch in der Stube aus, führte den »Goldesel« herein und sagte zu seinem Bruder: »Nun, lieber Bruder, sprich mit ihm!« Der Müller sagte: »Bricklebrit!«, und augenblicklich sprangen die Goldstücke auf das Tuch herab, als käme ein Platzregen, und der Esel hörte nicht eher auf, als bis alle so viel hatten, daß sie mehr nicht tragen konnten. Dann holte der Drechsler das Tischchen und sagte: »Lieber Bruder, nun sprich zu ihm!« Und kaum hatte der Schreiner »Tischchen, deck dich!« gesagt, so war es gedeckt und mit den schönsten Schüsseln reichlich besetzt. Da ward eine Mahlzeit gehalten, wie der gute Schneider noch keine in seinem Hause erlebt hatte, und die ganze Verwandtschaft blieb beisammen bis in die Nacht, und alle waren lustig und vergnügt. Der Schneider verschloß Nadel und Zwirn, Elle und Bügeleisen in einen Schrank und lebte mit seinen drei Söhnen in Freude und Herrlichkeit.

Die Ziege aber, die schuld war, daß der Schneider seine drei Söhne fortgejagt hatte, schämte sich, daß sie einen kahlen Kopf hatte, lief in eine Fuchshöhle und verkroch sich darin. Als der Fuchs nach Hause kam, funkelte ihm ein Paar großer Augen aus der Dunkelheit entgegen, daß er erschrak und wieder hinauslief. Der Bär begegnete ihm, und da der Fuchs ganz verstört aussah, so sprach er: »Was ist dir, Bruder Fuchs, was machst du für ein Gesicht?« – »Ach«, antwortete der Rote, »ein grimmig Tier sitzt in meiner Höhle und hat mich mit feurigen Augen angeglotzt.« – »Das wollen wir bald austreiben«, sprach der Bär, ging mit zu der Höhle und schaute hinein. Als er aber die feurigen Augen erblickte, überkam ihn ebenfalls Furcht, er wollte mit dem grimmigen Tier nichts zu tun haben und nahm Reißaus. Die Biene begegnete ihm, und da sie merkte, daß es ihm in seiner

Haut nicht wohl zumute war, sprach sie: »Bär, du machst ja ein gewaltig verdrießliches Gesicht. Wo ist deine Lustigkeit geblieben?« – »Du hast gut reden«, antwortete der Bär, »es sitzt ein grimmig Tier mit Glotzaugen in dem Hause des Roten, und wir können es nicht herausjagen.« Die Biene sprach: »Du tust mir leid, Bär. Ich bin ein armes, schwaches Geschöpf, das ihr sonst nie anguckt, aber ich glaube doch, daß ich euch helfen kann.« Sie flog in die Fuchshöhle, setzte sich der Ziege auf den glattgeschorenen Kopf und stach sie so gewaltig, daß sie aufsprang, »meh, meh!« schrie und wie toll in die Welt hineinlief.

Und niemand weiß bis heute, wo sie hingelaufen ist.

Jorinde und Joringel

Es war einmal ein altes Schloß, mitten in einem großen, dichten Wald, darinnen wohnte eine alte Frau ganz allein. Sie war eine Erzzauberin. Am Tage machte sie sich zur Katze oder zur Nachteule, abends aber verwandelte sie sich in Menschengestalt. Sie konnte das Wild und die Vögel herbeilocken, und dann schlachtete sie sie, kochte und briet sie. Wenn jemand auf hundert Schritte dem Schloß nahe kam, so mußte er stillstehen und konnte sich nicht mehr von der Stelle bewegen, bis sie ihn lossprach; wenn aber eine Jungfrau in diesen Kreis kam, so verwandelte sie dieselbe in einen Vogel, sperrte sie in einen Korb ein und trug den Korb in eine Kammer des Schlosses. Sie hatte wohl siebentausend solcher Körbe mit solch seltenen Vögeln im Schlosse.

Nun lebte vor langer Zeit einmal eine Jungfrau, die hieß Jorinde. Sie war schöner als alle anderen Mädchen und verlobt mit einem schönen Jüngling namens Joringel. Sie waren in den Brauttagen, und sie hatten größtes Vergnügen aneinander. Damit sie nun einmal alleine miteinander sprechen konnten, gingen sie in den Wald spazieren. »Hüte dich«, sagte Joringel, »daß du nicht zu nahe ans Schloß kommst.« Es war ein schöner Abend, die Sonne schien zwischen den Stämmen der Bäume hell ins dunkle Grün des Waldes, und die Turteltauben sangen in den alten Maibuchen.

Jorinde weinte zuweilen, setzte sich hin im Sonnenschein und klagte; Joringel klagte auch. Sie waren so bestürzt, als wenn sie hätten sterben sollen: sie sahen sich um, waren verwirrt und wußten nicht mehr, wie sie nach Hause gehen sollten. Halb stand die Sonne noch über dem Berg, und halb war sie schon untergegangen. Joringel sah durchs Gebüsch und sah die alte Mauer des Schlosses nahe bei sich; er erschrak und wurde todesbang. Jorinde sang:

»Mein Vöglein mit dem Ringlein rot
singt Leide, Leide, Leide:
es singt dem Täublein seinen Tod,
singt Leide, Lei – zicküt, zicküt, zicküt.«

Joringel blickte sich nach Jorinde um. Sie war in eine Nachtigall verwandelt, die sang »zicküt, zicküt«. Eine Nachteule mit glühenden Augen flog dreimal um sie herum und schrie dreimal »schu, hu, hu, hu«. Joringel konnte sich nicht regen: er stand da wie ein Stein, konnte nicht weinen, nicht reden, nicht Hand noch Fuß bewegen. Nun war die Sonne untergegangen: die Eule flog in einen Strauch, und gleich darauf kam eine alte, krumme Frau aus diesem hervor, gelb und mager: große rote Augen, krumme

Joringel sah durchs Gebüsch und sah die alte Mauer des Schlosses nahe bei sich . . .

Nase, die mit der Spitze ans Kinn reichte. Sie murmelte, fing die Nachtigall und trug sie in der Hand fort. Joringel konnte nichts sagen, nicht von der Stelle kommen. Die Nachtigall aber war fort. Endlich kam das Weib wieder und sagte mit dumpfer Stimme: »Grüß dich, Zachiel, wenn's Möndel ins Körbel scheint, bind los, Zachiel, zu guter Stund'.« Da wurde Joringel frei. Er fiel vor dem Weib auf die Knie und bat, sie möchte ihm seine Jorinde wiedergeben. Aber sie antwortete, er sollte sie nie wiederhaben, und ging fort. Er rief, er weinte, er jammerte, aber alles umsonst. »Ach, was soll mit mir geschehen?« Joringel ging fort und kam endlich in ein fremdes Dorf. Da hütete er lange Zeit die Schafe. Oft ging er rund um das Schloß der Zauberin herum, aber nie zu nahe heran. Endlich träumte er eines Nachts, er fände eine blutrote Blume, in deren Mitte eine schöne, große Perle lag. Er brach die Blume ab und ging damit zum Schlosse: Alles, was er mit der Blume berührte, wurde vom Zauber befreit. Auch träumte er, er hätte seine Jorinde dadurch wiederbekommen. Morgens, als er erwachte, fing er an durch Berg und Tal zu suchen, ob er eine solche Blume wohl finden könnte. Er suchte bis zum neunten Tag, da fand er die blutrote Blume am Morgen früh. In der Mitte war ein großer Tautropfen, so groß wie die schönste Perle. Diese Blume trug er Tag und Nacht bis zum Schloß. Als er bis auf hundert Schritte an das Schloß herankam, da wuchs er nicht fest, sondern ging fort bis ans Tor. Joringel freute sich sehr, berührte die Pforte mit der Blume, und sie sprang auf. Er ging und fand den Saal, in dem die Zauberin war und die Vögel in den siebentausend Körben fütterte. Als sie Joringel sah, wurde sie sehr böse, schalt und spie Gift und Galle gegen ihn aus. Aber sie konnte auf zwei Schritte nicht an ihn herankommen. Er kehrte sich nicht an ihr, ging und besah die Körbe mit den Vögeln. Da waren aber viele hundert Nachtigallen – wie sollte er nun seine Jorinde wiederfinden? Indem er so umherblickte, merkte er, daß die Alte heimlich ein Körbchen mit einem Vogel wegnahm und damit nach der Türe ging. Flugs sprang er hinzu, berührte das Körbchen mit der Blume und auch das alte Weib: nun konnte sie nicht mehr zaubern, und Jorinde stand da, so schön wie sie ehemals war und hatte ihn um den Hals gefaßt. Da machte er auch alle die andern Vögel wieder zu Jungfrauen und ging mit seiner Jorinde nach Hause. Und sie lebten lange vergnügt zusammen.

Frau Holle

Eine Witwe hatte zwei Töchter, davon war die eine schön und fleißig, die andere häßlich und faul. Sie hatte aber die häßliche und faule, weil sie ihre rechte Tochter war, viel lieber, und die andere mußte alle Arbeit tun und Aschenputtel im Hause sein. Das arme Mädchen mußte sich täglich auf die große Straße an einen Brunnen setzen und so viel spinnen, daß ihm das Blut aus den Fingern sprang.

Nun trug es sich zu, daß die Spule einmal ganz blutig war, da bückte es sich damit in den Brunnen und wollte sie abwaschen; sie sprang ihm aber aus der Hand und fiel hinab. Das Mädchen weinte, lief zur Stiefmutter und erzählte ihr das Unglück. Sie schalt es aber heftig, und umbarmherzig sprach sie: »Hast du die Spule hinunterfallen lassen, so hol sie auch wieder herauf!« Da ging das Mädchen zu dem Brunnen zurück und wußte nicht, was es anfangen sollte. Und in seiner Herzensangst sprang es in den Brunnen hinein, um die Spule zu holen. Es verlor die Besinnung, und als es erwachte und wieder zu sich kam, war es auf einer schönen Wiese, wo die Sonne schien und viel tausend Blumen standen. Es ging weiter und kam zu einem Backofen, der war voller Brot; das Brot aber rief: »Ach, zieh mich raus, zieh mich raus, sonst verbrenn' ich! Ich bin schon längst ausgebacken!« Da trat es herzu und holte mit dem Brotschieber alles nacheinander heraus. Danach ging es weiter und kam zu einem Baum, der hing voll Äpfel, und dieser rief ihm zu: »Ach, schüttel mich, schüttel mich, wir Äpfel sind alle miteinander reif!« Da schüttelte es den Baum, daß die Äpfel fielen, als regnete es, und schüttelte, bis keiner mehr oben war. Als es alle auf einen Haufen zusammengelegt hatte, ging es weiter. Endlich kam es zu einem kleinen Haus, daraus guckte eine alte Frau; weil sie aber so große Zähne hatte, ward ihm angst, und es wollte fortlaufen. Die alte Frau aber rief ihm nach: »Was fürchtest du dich, liebes Kind? Bleib bei mir, wenn du alle Arbeit im Hause ordentlich tun willst, so soll's dir gutgehn! Du mußt nur achtgeben, daß du mein Bett gut machst und es fleißig aufschüttelst, daß die Federn fliegen, dann schneit es in der Welt; ich bin die Frau Holle.« Weil die Alte dem Mädchen so gut zusprach, so faßte es sich ein Herz, willigte ein und begab sich in ihren Dienst. Es besorgte auch alles zu ihrer Zufriedenheit und schüttelte ihr das Bett immer gewaltig auf, daß die Federn wie Schneeflocken umherflogen. Dafür hatte es auch ein gutes Leben bei ihr, kein böses Wort und alle Tage Gesottenes und Gebratenes.

Nun war das Mädchen bereits eine Zeitlang bei der Frau Holle, da wurde es traurig und wußte anfangs selbst nicht, was ihm fehlte; endlich merkte es, daß es Heimweh hatte, obgleich es ihm hier tausendmal besser ging als zu Haus. Da sagte es zu Frau Holle: »Ich habe Heimweh gekriegt, und wenn es mir auch noch so gut hier unten geht, so kann ich doch nicht bleiben, ich muß wieder hinauf zu den Meinigen.« Frau Holle sagte: »Es gefällt mir, daß du wieder nach Haus verlangst, und weil du mir so treu gedient hast, so will ich dich selbst wieder hinaufbringen.« Sie nahm es darauf bei der Hand und führte es vor ein großes Tor. Das Tor wurde geöffnet, und wie das Mädchen gerade darunterstand, fiel ein gewaltiger Goldregen, und alles Gold blieb an ihm hängen, so daß es über und über davon bedeckt war. »Das sollst du haben, weil du fleißig gewesen bist«, sprach Frau Holle und gab ihm auch die Spule wieder, die ihm in den Brunnen gefallen war. Darauf wurde das Tor verschlossen, und das Mädchen befand sich oben auf der Welt, nicht weit von seiner Mutter Haus. Und als es in den Hof kam, saß der Hahn auf dem Brunnen und rief:

»Kikeriki,
unsere goldene Jungfrau ist wieder hie!«

Da ging es hinein zu seiner Mutter, und weil es mit soviel Gold bedeckt war, wurde es von ihr und der Schwester gut aufgenommen.

Das Mädchen erzählte alles, was ihm begegnet war, und als die Mutter hörte, wie es zu dem großen Reichtum gekommen war, wollte sie der häßlichen und faulen Tochter gerne das gleiche Glück verschaffen. Sie mußte sich an den Brunnen setzen und spinnen; und damit ihre Spule blutig wurde, stach sie sich in die Finger und stieß die Hand in die Dornenhecke. Dann warf sie die Spule in den Brunnen und sprang selbst hinein. Sie kam, wie die andere, auf die schöne Wiese und ging auf demselben Pfade weiter. Als sie zu dem Backofen gelangte, schrie das Brot wieder: »Ach zieh mich raus, zieh mich raus, sonst verbrenn' ich! Ich bin schon längst ausgebacken!« Die Faule aber antwortete: »Da hätt' ich Lust, mich schmutzig zu machen!« und ging fort. Bald kam sie zu dem Apfelbaum, der rief: »Ach, schüttel mich, schüttel mich, wir Äpfel sind alle miteinander reif!« Sie antwortete aber: »Du kommst mir recht, es könnte mir einer auf den Kopf fallen!« und ging weiter. Als sie vor der Frau Holle Haus kam, fürchtete sie sich

Endlich kam es zu einem kleinen Haus, daraus guckte eine alte Frau;
weil sie aber so große Zähne hatte, ward ihm angst . . .

nicht, weil sie von ihren großen Zähnen schon gehört hatte, und verdingte sich gleich bei ihr. Am ersten Tag tat sie sich Zwang an, war fleißig und folgte der Frau Holle, wenn sie ihr etwas sagte, denn sie dachte an das viele Gold, das sie ihr schenken würde. Am zweiten Tag aber fing sie schon an zu faulenzen, am dritten noch mehr, da wollte sie morgens gar nicht aufstehen. Sie machte auch der Frau Holle das Bett nicht, wie sich's gebührte, und schüttelte es nicht, daß die Federn aufflogen. Das war der Frau Holle nicht recht, und sie sagte ihr den Dienst auf. Die Faule war das wohl zufrieden und meinte, nun würde der Goldregen kommen. Die Frau Holle führte sie auch zu dem Tor; als sie aber darunterstand, wurde statt des Goldes ein großer Kessel voll Pech ausgeschüttet. »Das ist zur Belohnung deiner Dienste«, sagte die Frau Holle und schloß das Tor zu. Da kam die Faule heim, aber sie war ganz mit Pech bedeckt, und der Hahn auf dem Brunnen, als er sie sah, rief:

»Kikeriki,
unsere schmutzige Jungfrau ist wieder hie!«

Das Pech aber blieb fest an ihr hängen und wollte, so lange sie lebte, nicht abgehen.

Hänsel und Gretel

Vor einem großen Wald wohnte ein armer Holzhacker mit seiner Frau und seinen zwei Kindern; das Bübchen hieß Hänsel und das Mädchen Gretel. Er hatte wenig zum Leben, und einmal, als große Teuerung ins Land kam, konnte er das tägliche Brot nicht mehr beschaffen. Wie er sich nun abends im Bette Gedanken machte und sich vor Sorgen herumwälzte, seufzte er und sprach zu seiner Frau: »Was soll aus uns werden? Wie können wir unsere armen Kinder ernähren, da wir für uns selbst nichts mehr haben?« – »Weißt du was, Mann«, antwortete die Frau, »wir wollen morgen in aller Frühe die Kinder hinaus in den Wald führen, wo er am dichtesten ist. Da machen wir ihnen ein Feuer an und geben jedem noch ein Stückchen Brot, dann gehen wir an unsere Arbeit und lassen sie allein. Sie finden den Weg nicht wieder nach Haus, und wir sind sie los.« – »Nein, Frau«, sagte der Mann, »das tue ich nicht. Wie sollt' ich's übers Herz bringen, meine Kinder im Wald allein zu lassen? Die wilden Tiere würden bald kommen und sie zerreißen.« – »Oh, du Narr«, sagte sie, »dann müssen wir alle vier Hungers sterben«, und ließ ihm keine Ruhe, bis er einwilligte. »Aber die armen Kinder dauern mich doch«, sagte der Mann.

Die zwei Kinder hatten vor Hunger auch nicht einschlafen können und hatten gehört, was die Mutter zum Vater gesagt hatte. Gretel weinte bittere Tränen und sprach zu Hänsel: »Nun ist's um uns geschehen.« – »Still, Gretel«, sprach Hänsel, »gräme dich nicht, ich will uns schon helfen.« Und als die Alten eingeschlafen waren, stand er auf, zog sein Röcklein an, machte die Tür auf und schlich sich hinaus. Da schien der Mond ganz hell, und die weißen Kieselsteine, die vor dem Haus lagen, glänzten wie Silber. Hänsel bückte sich und steckte so viele in sein Rocktäschlein als nur hineinwollten. Dann ging er wieder zurück, sprach zu Gretel: »Sei getrost, liebes Schwesterchen, und schlaf nur ruhig ein, Gott wird uns nicht verlassen«, und legte sich wieder in sein Bett.

Als der Tag anbrach, noch ehe die Sonne aufgegangen war, kam schon die Frau und weckte die beiden Kinder: »Steht auf, ihr Faulenzer, wir wollen in den Wald gehen und Holz holen.« Dann gab sie jedem ein Stückchen Brot und sprach: »Da habt ihr etwas für den Mittag, aber eßt's nicht vorher auf, weiter kriegt ihr nichts.« Gretel nahm das Brot unter die Schürze, weil Hänsel die Steine in der Tasche hatte. Danach machten sie sich alle zusammen auf den Weg nach dem Wald. Als sie ein Weilchen gegangen waren, stand Hänsel still und guckte nach dem Haus zurück und tat das wieder und immer wieder. Der Vater sprach: »Hänsel, was guckst du da und bleibst zurück, hab acht und vergiß deine Beine nicht!« – »Ach, Vater«, sagte Hänsel, »ich sehe nach meinem weißen Kätzchen, das sitzt oben auf dem Dach und will mir ade sagen.« Die Frau sprach: »Narr, das ist dein Kätzchen nicht, das ist die Morgensonne, die auf den Schornstein scheint.« Hänsel aber hatte nicht nach dem Kätzchen gesehen, sondern immer einen von den blanken Kieselsteinen aus seiner Tasche auf den Weg geworfen.

Als sie mitten in den Wald gekommen waren, sprach der Vater: »Nun sammelt Holz, ihr Kinder, ich will ein Feuer anmachen, damit ihr nicht friert.« Hänsel und Gretel trugen Reisig zusammen, einen kleinen Berg hoch. Das Reisig ward angezündet, und als die Flamme recht hoch brannte, sagte die Frau: »Nun legt euch ans Feuer, ihr Kinder, und ruht euch aus, wir gehen in den Wald und hauen Holz. Wenn wir fertig sind, kommen wir wieder und holen euch ab.« Hänsel und Gretel saßen um das Feuer, und als der Mittag kam, aß jedes sein Stücklein Brot. Und weil sie die Schläge der Holzaxt hörten, so glaubten sie, ihr Vater wär' in der Nähe. Es war aber nicht die Holzaxt, es war ein Ast, den er an einen dürren Baum gebunden hatte und den der Wind hin und her schlug. Und als sie lange so gesessen hatten, fielen ihnen die Augen vor Müdigkeit zu, und sie schliefen fest ein. Als sie endlich erwachten, war es schon finstere Nacht. Gretel fing an zu weinen und sprach: »Wie sollen wir nun aus dem Wald kommen?« Hänsel aber tröstete sie: »Wart nur ein Weilchen, bis der Mond aufgegangen ist, dann wollen wir den Weg schon finden.« Und als der volle Mond aufgestiegen war, nahm Hänsel sein Schwesterchen an der Hand und ging den Kieselsteinen nach, die schimmerten wie neugeprägte Münzen und zeigten ihnen den Weg. Sie gingen die ganze Nacht hindurch und kamen bei anbrechendem Tag wieder zu ihres Vaters Haus. Sie klopften an die Tür, und als die Frau aufmachte und sah, daß es Hänsel und Gretel waren, sprach sie: »Ihr bösen Kinder, was habt ihr so lange im Wald geschlafen, wir haben geglaubt, ihr wollt gar nicht wiederkommen.« Der Vater aber freute sich, denn es war ihm zu Herzen gegangen, daß er sie so allein zurückgelassen hatte.

Nicht lange danach war wieder Not an allen Ecken, und die Kinder hörten, wie die Mutter nachts im Bett zu dem Vater sprach: »Alles ist wieder aufgezehrt, wir haben noch einen halben Laib Brot, dann müssen wir hungern. Die Kinder müssen fort, wir wollen sie tiefer in den Wald hineinführen, damit sie nicht wieder nach Haus finden; es gibt sonst keine Rettung für uns.« Dem Mann war's schwer ums Herz, und er dachte: »Es wäre besser, daß du den letzten Bissen mit deinen Kindern teiltest.« Aber die Frau hörte auf nichts, was er sagte, schalt ihn und machte ihm Vorwürfe. Wer A sagt, muß auch B sagen, und weil er das erste Mal nachgegeben hatte, so mußte er es auch das zweite Mal tun.

Die Kinder waren aber noch wach gewesen und hatten das Gespräch mit angehört. Als die Alten schliefen, stand Hänsel wieder auf, wollte hinaus und die Kieselsteine auflesen wie das vorige Mal; aber die Frau hatte die Tür verschlossen, und Hänsel konnte nicht hinaus. Aber er tröstete sein Schwesterchen und sprach: »Weine nicht, Gretel, und schlaf nur ruhig, der liebe Gott wird uns schon helfen.«

Am frühen Morgen kam die Frau und holte die Kinder aus dem Bett. Sie erhielten ihr Stückchen Brot, das aber noch kleiner war als das vorige Mal. Auf dem Wege nach dem Wald brökkelte es Hänsel in der Tasche, er blieb oft stehen und warf ein Bröcklein auf die Erde. »Hänsel, was stehst du und guckst dich um?« sagte der Vater, »geh deiner Wege!« – »Ich sehe nach meinem Täubchen, das sitzt auf dem Dach und will mir ade sagen«, antwortete Hänsel. – »Narr«, sagte die Frau, »das ist dein Täubchen nicht, das ist die Morgensonne, die auf den Schornstein oben scheint.« Hänsel aber warf nach und nach alle Bröcklein auf den Weg.

Die Frau führte die Kinder noch tiefer in den Wald, wo sie ihr Lebtag noch nicht gewesen waren. Da wurde wieder ein großes Feuer angemacht, und die Mutter sagte: »Bleibt nur da sitzen, ihr Kinder, und wenn ihr müde seid, könnt ihr ein wenig schlafen. Wir gehen in den Wald und hauen Holz, und abends, wenn wir fertig sind, kommen wir und holen euch ab.«

Als es Mittag war, teilte Gretel ihr Brot mit Hänsel, der ja sein Stück auf den Weg gestreut hatte. Dann schliefen sie ein, und der Abend verging, aber niemand kam zu den armen Kindern. Sie erwachten erst in der finstern Nacht, und Hänsel tröstete sein Schwesterchen und sagte: »Wart nur, Gretel, bis der Mond aufgeht, dann werden wir die Brotbröcklein sehen, die ich ausgestreut habe, die zeigen uns den Weg nach Haus.« Als der Mond kam, machten sie sich auf, aber sie fanden kein Bröcklein mehr, denn die viel tausend Vögel, die im Walde und im Felde umherfliegen, die hatten sie weggepickt. Hänsel sagte zu Gretel: »Wir werden den Weg schon finden.« Aber sie fanden ihn nicht. Sie gingen die ganze Nacht und noch einen Tag vom Morgen bis zum Abend, aber sie kamen aus dem Wald nicht heraus und waren so hungrig, denn sie hatten nichts als ein paar Beeren. Und weil sie so müde waren, daß die Beine sie nicht mehr tragen wollten, so legten sie sich unter einen Baum und schliefen ein.

Nun war's schon der dritte Morgen, daß sie ihres Vaters Haus verlassen hatten. Sie fingen wieder an zu gehen, aber sie gerieten immer tiefer in den Wald, und wenn nicht bald Hilfe kam, mußten sie verschmachten. Als es Mittag war, sahen sie ein schönes, schneeweißes Vöglein auf einem Ast sitzen, das sang so schön, daß sie stehenblieben und ihm zuhörten. Und als es fertig war, schwang es seine Flügel und flog vor ihnen her, und sie gingen ihm nach, bis sie zu einem Häuschen gelangten, auf dessen Dach es sich setzte. Als sie ganz nahe herankamen, sahen sie, daß das Häuslein aus Brot gebaut war und mit Kuchen gedeckt; aber die Fenster waren von hellem Zucker. »Da wollen wir's uns schmecken lassen«, sprach Hänsel, »und eine gesegnete Mahlzeit halten. Ich will ein Stück vom Dach essen; Gretel, du kannst vom Fenster essen, das schmeckt süß.« Hänsel reichte in die Höhe und brach sich ein wenig vom Dach ab, um zu versuchen, wie es schmeckte, und Gretel stellte sich an die Scheiben und knabberte daran. Da rief eine feine Stimme aus der Stube heraus:

»Knusper, knusper, Kneischen,
wer knuspert an meinem Häuschen?«

Die Kinder antworteten:

»Der Wind, der Wind,
das himmlische Kind.«

Sie aßen weiter, ohne sich irremachen zu lassen. Hänsel, dem das Dach sehr gut schmecke, riß sich ein großes Stück davon herunter, und Gretel stieß eine ganze runde Fensterscheibe heraus, setzte sich nieder und ließ es sich schmecken. Da ging auf einmal die Tür auf, und eine uralte Frau, die sich auf eine Krücke stützte, kam herausgeschlichen. Hänsel und Gretel erschraken so gewaltig, daß sie fallen ließen, was sie in den Händen hielten. Die Alte aber wackelte mit dem Kopf und sprach: »Ei, ihr lieben Kinder, wer hat euch hierhergebracht? Kommt nur herein und bleibt bei mir, es geschieht euch kein Leid.« Sie faßte beide an der Hand und führte sie in ihr Häuschen. Da ward ein gutes Essen aufgetragen, Milch und Pfannkuchen, Äpfel und Nüsse. Hernach wurden zwei schöne Bettlein weiß gedeckt, und Hänsel und Gretel legten sich hinein und meinten, sie wären im Himmel.

Die Alte hatte sich nur freundlich angestellt, sie

Nun war's schon der dritte Morgen, daß sie ihres Vaters Haus verlassen hatten. Sie fingen wieder an zu gehen, aber sie gerieten immer tiefer in den Wald.

war aber eine böse Hexe, die den Kindern auflauerte, und hatte das Brothäuslein bloß gebaut, um sie herbeizulocken. Wenn eins in ihre Gewalt kam, so machte sie es tot, kochte es und aß es, und das war ihr ein Festtag. Als Hänsel und Gretel in ihre Nähe kamen, da lachte sie boshaft und sprach höhnisch: »Die habe ich, die sollen mir nicht wieder entwischen!« Frühmorgens, ehe die Kinder erwacht waren, stand sie schon auf, und als sie beide so lieblich ruhen sah, mit den vollen roten Backen, so murmelte sie vor sich hin: »Das wird ein guter Bissen werden.« Da packte sie Hänsel mit ihrer dürren Hand und trug ihn in einen kleinen Stall und sperrte ihn hinter einer Gittertür ein. Er mochte schreien, wie er wollte, es half ihm nichts. Dann ging sie zur Gretel, rüttelte sie wach und rief: »Steh auf, Faulenzerin, trag Wasser und koch deinem Bruder etwas Gutes, der sitzt draußen im Stall und soll fett werden! Wenn er fett ist, will ich ihn essen!« Gretel fing an bitterlich zu weinen; aber es war alles vergeblich, sie mußte tun, was die böse Hexe verlangte.

Nun wurde dem armen Hänsel das beste Essen gekocht, aber Gretel bekam nichts als Krebsschalen. Jeden Morgen schlich die Alte zu dem Ställchen und rief: »Hänsel, streck deine Finger heraus, damit ich fühle, ob du bald fett bist!« Hänsel streckte ihr aber ein Knöchlein heraus, und die Alte, die trübe Augen hatte, konnte es nicht sehen und meinte, es wären Hänsels Finger, und wunderte sich, daß er gar nicht fett werden wollte. Als vier Wochen um waren und Hänsel immer mager blieb, da überkam sie die Ungeduld, und sie wollte nicht länger warten. »Heda, Gretel«, rief sie dem Mädchen zu, »sei flink und trag Wasser! Hänsel mag fett oder mager sein, morgen will ich ihn schlachten und kochen.« Ach, wie jammerte das arme Schwesterchen, als es das Wasser tragen mußte, und wie flossen ihm die Tränen über die Backen herunter! »Lieber Gott, hilf uns doch«, rief sie aus, »hätten uns nur die wilden Tiere im Wald gefressen, so wären wir doch zusammen gestorben!« – »Spar nur dein Geplärre«, sagte die Alte. Frühmorgens mußte Gretel heraus, den Kessel mit Wasser aufhängen und Feuer anzünden. »Erst wollen wir backen«, sagte die Alte, »ich habe den Backofen schon eingeheizt und den Teig geknetet.«

Sie stieß die arme Gretel hinaus zu dem Backofen, aus dem die Feuerflammen schon herausschlugen. »Kriech hinein«, sagte die Hexe, »und sieh zu, ob recht eingeheizt ist, damit wir das Brot hineinschieben können.«

Und wenn Gretel darin war, wollte sie den Ofen zumachen, und Gretel sollte darin braten, und dann wollte sie sie aufessen. Aber Gretel merkte, was sie im Sinn hatte, und sprach: »Ich weiß nicht, wie ich's machen soll, wie komm' ich da hinein?« – »Dumme Gans«, sagte die Alte, »die Öffnung ist groß genug, siehst du wohl, ich könnte selbst hinein«, krabbelte heran und steckte den Kopf in den Backofen. Da gab ihr Gretel einen Stoß, daß sie weit hineinfuhr, machte die eiserne Tür zu und schob den Riegel vor. Sie lief fort, und die gottlose Hexe mußte elendiglich verbrennen.

Gretel aber lief schnurstracks zum Hänsel, öffnete sein Ställchen und rief: »Hänsel, wir sind erlöst, die alte Hexe ist tot.« Da sprang Hänsel heraus wie ein Vogel aus dem Käfig, wenn ihm die Tür aufgemacht wird. Wie haben sie sich gefreut! Sie sind sich um den Hals gefallen, sind herumgesprungen und haben sich geküßt! Und weil sie sich nicht mehr zu fürchten brauchten, so gingen sie in das Haus der Hexe hinein. Da standen in allen Ecken Kasten mit Perlen und Edelsteinen. »Die sind noch besser als Kieselsteine«, sagte Hänsel und steckte in seine Tasche, was hinein wollte. Und Gretel sagte: »Ich will auch etwas mit nach Haus bringen«, und füllte sein Schürzchen voll. – »Aber jetzt wollen wir fort«, sagte Hänsel, »damit wir aus dem Hexenwald herauskommen.« Als sie ein paar Stunden gegangen waren, gelangten sie an ein großes Wasser. »Wir können nicht hinüber«, sprach Hänsel, »ich seh' keinen Steg und keine Brücke.« – »Hier fährt auch kein Schiffchen«, antwortete Gretel, »aber da schwimmt eine weiße Ente, wenn ich die bitte, so hilft sie uns hinüber.« Da rief sie:

»Entchen, Entchen,
da steht Gretel und Hänsel;
kein Steg und keinen Brücke,
nimm uns auf deinen weißen Rücken!«

Das Entchen kam auch heran, und Hänsel setzte sich auf und bat sein Schwesterchen, sich zu ihm zu setzen. »Nein«, antwortete Gretel, »es wird dem Entchen zu schwer, es soll uns nacheinander hinüberbringen.« Das tat das gute Tierchen, und als sie glücklich drüben waren und ein Weilchen gingen, da kam ihnen der Wald immer bekannter und immer bekannter vor, und endlich erblickten sie von weitem ihres Vaters Haus. Da fingen sie an zu laufen, stürzten in die Stube hinein und fielen dem Vater um den Hals. Der Mann hatte keine frohe Stunde gehabt, seitdem er die Kinder im Wald gelassen hatte, die Frau aber war gestorben. Gretel schüttelte sein Schürzchen aus, daß die Perlen und Edelsteine herumsprangen, und Hänsel warf eine Handvoll nach der anderen aus seiner Tasche dazu. Da hatten alle Sorgen ein Ende, und sie lebten in lauter Freude zusammen.

Dornröschen

Vorzeiten lebten ein König und eine Königin, die sprachen jeden Tag: »Ach, wenn wir doch ein Kind hätten!« und kriegten doch keins. Da trug es sich zu, als die Königin einmal im Bade saß, daß ein Frosch aus dem Wasser ans Land kroch und zu ihr sprach: »Dein Wunsch wird erfüllt werden; ehe ein Jahr vergeht, wirst du eine Tochter zur Welt bingen.«

Was der Frosch gesagt hatte, das geschah, und die Königin gebar ein Mädchen, das war so schön, daß der König sich vor Freude nicht zu fassen wußte und ein großes Fest veranstaltete. Er lud nicht bloß seine Verwandten, Freunde und Bekannten, sondern auch die weisen Frauen dazu ein, damit sie dem Kind hold und gewogen wären. Es waren ihrer dreizehn in seinem Reiche, weil er aber nur zwölf goldene Teller hatte, aus denen sie essen sollten, so mußte eine von ihnen daheim bleiben.

Das Fest wurde mit aller Pracht gefeiert, und als es zu Ende war, beschenkten die weisen Frauen das Kind mit ihren Wundergaben: die eine mit Tugend, die andere mit Schönheit, die dritte mit Reichtum und die andern so mit allem, was auf der Welt zu wünschen ist. Als schon elf von ihnen ihre Wünsche ausgesprochen hatten, trat plötzlich die dreizehnte herein. Sie wollte sich dafür rächen, daß sie nicht eingeladen worden war, und ohne jemanden zu grüßen oder anzusehen, rief sie mit lauter Stimme: »Die Königstochter soll sich in ihrem fünfzehnten Jahr an einer Spindel stechen und tot hinfallen.« Und ohne ein Wort weiter zu sprechen, kehrte sie um und verließ den Saal. Alle waren erschrocken, da trat die zwölfte hervor, die ihren Wunsch noch nicht ausgesprochen hatte, und weil sie den bösen Spruch nicht aufheben, sondern ihn nur mildern konnte, so sagte sie: »Es soll aber nicht der Tod sein, sondern ein hundertjähriger tiefer Schlaf, in den die Königstochter fällt.«

Der König, der sein liebes Kind vor dem Unglück gern bewahren wollte, ließ den Befehl erteilen, daß alle Spindeln im ganzen Königreich verbrannt werden sollten. An dem Mädchen aber wurden die Gaben der weisen Frauen alle erfüllt, denn es war so schön, sittsam, freundlich

und verständig, daß es jedermann, der es ansah, liebhaben mußte.
Es geschah, daß an dem Tag, an dem es gerade fünfzehn Jahre alt wurde, der König und die Königin nicht zu Hause waren und das Mädchen ganz allein im Schloß zurückblieb. Da ging es überall herum, besah Stuben und Kammern, wie es ihm gefiel, und kam endlich auch zu einem alten Turm. Die Königstochter stieg die enge Wendeltreppe hinauf und gelangte zu einer kleinen Tür. In dem Schloß steckte ein verrosteter Schlüssel, und als sie ihn umdrehte, sprang die Tür auf, und da saß in einem kleinen Stübchen eine alte Frau mit einer Spindel und spann emsig ihren Flachs. »Guten Tag, du altes Mütterchen«, sprach die Königstocher, »was machst du da?« – »Ich spinne«, sagte die Alte und nickte mit dem Kopf. – »Was ist das für ein Ding, das so lustig herumspringt?« sprach das Mädchen, nahm die Spindel und wollte auch spinnen. Kaum hatte sie aber die Spindel angerührt, so ging der Zauberspruch in Erfüllung, und sie stach sich damit in den Finger.
In dem Augenblick aber, als sie den Stich empfand, fiel sie auf das Bett nieder, das da stand, und lag in einem tiefen Schlaf. Und dieser Schlaf verbreitete sich über das ganze Schloß. Der König und die Königin, die eben heimgekommen waren und in den Saal traten, fingen an einzuschlafen und der ganze Hofstaat mit ihnen. Da schliefen auch die Pferde im Stall, die Hunde im Hof, die Tauben auf dem Dach, die Fliegen an der Wand, ja sogar das Feuer, das auf dem Herd flackerte, wurde still und schlief ein, und der Braten hörte auf zu brutzeln, und der Koch, der gerade den Küchenjungen für eine Unachtsamkeit an den Haaren ziehen wollte, schlief, und die Magd schlief beim Rupfen des Huhnes ein, und der Wind legte sich, und auf den Bäumen vor dem Schloß regte sich kein Blättchen mehr. Rings um das Schloß aber begann eine Dornenhecke zu wachsen, die jedes Jahr höher wurde und endlich das ganze Schloß umzog und darüber hinauswuchs, daß gar nichts mehr davon zu sehen war. Es ging aber die Sage in dem Land von dem schönen schlafenden Dornröschen, denn so wurde die Königstochter genannt, so daß von Zeit zu Zeit Königssöhne kamen und durch die Hecke in das Schloß dringen wollten. Es war ihnen aber nicht möglich, denn die Dornen, als hätten sie Hände, hielten fest zusammen, und die Jünglinge blieben darin hängen, konnten sich nicht wieder losmachen und starben eines jämmerlichen Todes. Nach langen, langen Jahren kam wieder einmal ein Königssohn in das Land und hörte, wie ein alter Mann von der Dornenhecke erzählte; es sollte ein Schloß dahinter stehen, in welchem eine wunderschöne Königstochter, Dornröschen genannt, schliefe und mit ihr der König und die Königin und der ganze Hofstaat. Er wußte auch von seinem Großvater, daß schon viele Königssöhne gekommen wären und versucht hätten, durch die Dornenhecke zu dringen, aber sie wären darin hängengeblieben und eines traurigen Todes gestorben.
Da sprach der Jüngling: »Ich fürchte mich nicht, ich will hinaus und das schöne Dornröschen sehen!« Der gute Alte mochte ihm abraten, wie er wollte, er hörte nicht auf seine Worte.
Nun waren aber gerade die hundert Jahre verflossen, und der Tag war gekommen, wo Dornröschen wieder erwachen sollte. Als der Königssohn sich der Dornenhecke näherte, waren es lauter große, schöne Blumen, die strebten von selbst auseinander und ließen ihn unbeschädigt hindurch; hinter ihm schlossen sie sich wieder zur Hecke zusammen. Im Schloßhof sah er die Pferde und scheckigen Jagdhunde liegen und schlafen, auf dem Dach saßen die Tauben und hatten das Köpfchen unter den Flügel gesteckt. Und als er ins Haus kam, schliefen die Fliegen an der Wand, der Koch in der Küche hielt noch die Hand, als wollte er den Jungen an den Haaren packen, und die Magd saß vor dem schwarzen Huhn, als sollte es gerupft werden. Da ging er weiter und sah im Saal den ganzen Hofstaat liegen und schlafen, und oben beim Thron lagen der König und die Königin. Da ging er noch weiter, und alles war so still, daß er seinen Atem

*Rings um das Schloß aber begann eine Dornenhecke zu wachsen,
die jedes Jahr höher wurde . . .*

hören konnte, und endlich kam er zu dem Turm und öffnete die Tür zu der kleinen Stube, in welcher Dornröschen schlief. Da lag es und war so schön, daß er die Augen nicht abwenden konnte, und er bückte sich und gab ihm einen Kuß. Wie er es mit dem Kuß berührt hatte, schlug Dornröschen die Augen auf, erwachte und blickte ihn ganz freundlich an. Da gingen sie zusammen herab, und der König erwachte und mit ihm die Königin und der ganze Hofstaat, und sie sahen einander mit großen Augen an. Und die Pferde im Hof standen auf und rüttelten sich, die Jagdhunde sprangen und wedelten, die Tauben auf dem Dach zogen das Köpfchen unterm Flügel hervor, sahen umher und flogen ins Feld, die Fliegen an der Wand krochen weiter, das Feuer in der Küche erhob sich, flackerte und kochte das Essen, der Braten fing wieder an zu brutzeln, und der Koch zog den Jungen an den Haaren, so fest, daß er laut aufschrie, und die Magd rupfte das Huhn fertig. Und da wurde die Hochzeit des Königssohns mit dem Dornröschen in aller Pracht gefeiert. Und sie lebten vergnügt bis an ihr Ende.

Der gestiefelte Kater

Ein Müller hatte drei Söhne, seine Mühle, einen Esel und einen Kater. Die Söhne mußten mahlen, der Esel Getreide holen und Mehl forttragen und die Katz' die Mäuse wegfangen. Als der Müller starb, teilten sich die drei Söhne die Erbschaft, der älteste bekam die Mühle, der zweite den Esel und der dritte den Kater. Weiter blieb nichts für ihn übrig. Da wurde er traurig und sprach zu sich selbst: »Mich hat es doch am allerschlimmsten getroffen. Mein ältester Bruder kann mahlen, mein zweiter kann auf seinem Esel reiten – was kann ich mit dem Kater anfangen? Laß ich mir ein paar Pelzhandschuhe aus seinem Fell machen, so ist's vorbei.«

»Hör«, fing der Kater an, der alles verstanden hatte, was er gesagt, »du brauchst mich nicht zu töten, um aus meinem Pelz ein paar schlechte Handschuhe zu kriegen. Laß mir nur ein paar Stiefel machen, daß ich ausgehen und mich unter den Leuten sehen lassen kann, dann soll dir bald geholfen sein.«

Der Müllerssohn wunderte sich, daß der Kater so sprach. Weil aber eben der Schuster vorbeiging, rief er ihn herein und ließ ihm ein paar Stiefel anmessen. Als sie fertig waren, zog sie der Kater an, nahm einen Sack, machte den Boden desselben voll Korn, oben aber eine Schnur daran, womit man ihn zuziehen konnte, dann warf er ihn über den Rücken und ging auf zwei Beinen, wie ein Mensch, zur Tür hinaus.

Damals regierte ein König in dem Land, der aß gern Rebhühner. Es war aber eine Not, daß keine zu kriegen waren. Der ganze Wald war voll, aber sie waren so scheu, daß kein Jäger sie erreichen konnte. Das wußte der Kater und dachte, seine Sache besser zu machen. Als er in den Wald kam, tat er den Sack auf und breitete das Korn auseinander. Die Schnur aber legte er ins Gras und leitete sie hinter eine Hecke. Dann versteckte er sich selber, schlich herum und lauerte. Die Rebhühner kamen bald gelaufen, fanden das Korn, und eins nach dem andern hüpfte in den Sack hinein. Als eine gute Anzahl darin war, zog der Kater den Strick zu, lief hinzu und drehte ihnen den Hals um. Dann warf er den Sack auf den Rücken und ging geradewegs nach des Königs Schloß.

Die Wache rief: »Halt! Wohin?«
»Zum König«, antwortete der Kater kurzweg.
»Bist du toll, ein Kater zum König?«
»Laß ihn nur gehen«, sagte ein anderer, »der König hat doch oft Langeweile. Vielleicht macht ihm der Kater mit seinem Brummen und Schnurren Vergnügen.«
Als der Kater vor den König kam, machte er eine Verbeugung und sagte: »Mein Herr, der Graf«, dabei nannte er einen langen und vornehmen Namen, »läßt sich dem Herrn König empfehlen und schickt ihm hier Rebhühner, die er eben mit Schlingen gefangen hat.«
Der König erstaunte über die schönen, fetten Rebhühner, wußte sich vor Freude nicht zu lassen und befahl dem Kater, so viel Gold aus der Schatzkammer in den Sack zu tun, als er tragen könne: »Das bring deinem Herrn, und dank ihm noch vielmal für sein Geschenk.«
Der arme Müllerssohn saß unterdessen zu Hause am Fenster, stützte den Kopf auf die Hand und dachte, daß er nun sein letztes Geld für die Stiefel des Katers weggegeben hatte, und was werde ihm der Großes dafür bringen können.
Da trat der Kater herein, warf den Sack vom Rücken, schnürte ihn auf und schüttete das Gold vor dem Müller aus: »Da hast du etwas für die Stiefel. Der König läßt dich auch grüßen und dir vielen Dank sagen.«
Der Müller war froh über den Reichtum, ohne daß er noch recht begreifen konnte, wie es zugegangen war. Der Kater aber, während er seine Stiefel auszog, erzählte ihm alles. Dann sagte er: »Du hast zwar jetzt Geld genug, aber dabei soll es nicht bleiben. Morgen zieh' ich meine Stiefel wieder an, du sollst noch reicher werden. Dem König hab' ich auch gesagt, daß du ein Graf bist.«
Am andern Tag ging der Kater, wie er gesagt hatte, wohlgestiefelt wieder auf die Jagd und brachte dem König einen reichen Fang. So ging es alle Tage, und der Kater brachte alle Tage Gold heim und war so beliebt wie sonst niemand bei dem König, so daß er aus und ein gehen durfte und im Schloß umherstreichen konnte, wo er wollte.
Einmal stand der Kater in der Küche des Königs beim Herd und wärmte sich. Da kam der Kutscher und fluchte: »Ich wünscht', der König mit der Königstochter wär' beim Henker! Ich wollt' ins Wirtshaus gehen und einmal trinken und Karten spielen, und nun soll ich sie spazierenfahren an den See.«
Wie der Kater das hörte, schlich er nach Haus und sagte zu seinem Herrn: »Wenn du ein Graf und reich werden willst, so komm mit mir hinaus an den See und bade dich darin.«
Der Müller wußte nicht, was er dazu sagen sollte, aber er folgte dem Kater, ging mit ihm, zog sich splitternackt aus und sprang ins Wasser. Der Kater aber nahm seine Kleider, trug sie fort und versteckte sie.
Kaum war er damit fertig, da kam der König dahergefahren. Der Kater fing sogleich an, erbärmlich zu lamentieren: »Ach, allergnädigster König! Mein Herr, der hat sich hier im See gebadet, da ist ein Dieb gekommen und hat ihm die Kleider gestohlen, die am Ufer lagen. Nun ist der Herr Graf im Wasser und kann nicht heraus. Und wenn er länger darin bleibt, wird er sich erkälten und sterben.«
Wie der König das hörte, ließ er haltmachen, und einer von seinen Leuten mußte zurücklaufen und von des Königs Kleidern holen.
Der Herr Graf, der ja eigentlich nur ein Müllerssohn war, zog die prächtigen Kleider an, und weil ihm ohnehin der König wegen der Rebhühner, die er meinte, von ihm empfangen zu haben, gut gesonnen war, so mußte er sich zu ihm in die Kutsche setzen. Die Königstochter war auch nicht bös darüber, denn der Graf war jung und schön, und er gefiel ihr recht gut.
Der Kater aber war vorausgegangen und zu einer großen Wiese gekommen, wo über hundert Leute waren und Heu machten. »Wem ist die Wiese, ihr Leute?« fragte der Kater.
»Dem großen Zauberer.«
»Hört, jetzt wird der König bald vorbeifahren. Wenn der fragt, wem die Wiese gehört, so ant-

wortet: Dem Grafen. Und wenn ihr das nicht tut, werdet ihr alle totgeschlagen.«
Darauf ging der Kater weiter und kam an ein Kornfeld, so groß, daß es niemand übersehen konnte. Da standen mehr als zweihundert Leute und schnitten das Korn. »Wem ist das Korn, ihr Leute?«
»Dem Zauberer.«
»Hört, gleich wird der König vorbeifahren. Wenn er fragt, wem das Korn gehört, so antwortet: Dem Grafen. Und wenn ihr das nicht tut, werdet ihr totgeschlagen.«
Endlich kam der Kater an einen prächtigen Wald. Da standen mehr als dreihundert Leute, fällten die großen Eichen und machten Holz. »Wem ist der Wald, ihr Leute?«
»Dem Zauberer.«
»Hört, jetzt wird der König vorbeifahren. Wenn er fragt, wem der Wald gehört, so antwortet: Dem Grafen. Und wenn ihr das nicht tut, werdet ihr alle umgebracht.«
Der Kater ging noch weiter, die Leute sahen ihm alle nach, und weil er so wunderlich aussah und wie ein Mensch in Stiefeln daherging, fürchteten sie sich vor ihm.
Er kam bald an des Zauberers Schloß, trat keck ein und vor ihn hin. Der Zauberer sah in verächtlich an und fragte ihn, was er wolle.
Der Kater machte eine Verbeugung und sagte: »Ich habe gehört, daß du dich in jedes Tier verwandeln könntest. Was einen Hund, Fuchs oder auch Wolf betrifft, da will ich es wohl glauben. Aber von einem Elefant, das scheint mir ganz unmöglich, und deshalb bin ich gekommen, um mich selbst zu überzeugen.«
Der Zauberer sagte stolz: »Das ist mir eine Kleinigkeit«, und war in dem Augenblick in einen Elefant verwandelt. »Das ist viel, aber auch in einen Löwen?«
»Das ist auch nichts«, sagte der Zauberer und stand als ein Löwe vor dem Kater. Der Kater stellte sich erschrocken und rief: »Das ist unglaublich und unerhört, dergleichen hätt' ich mir nie träumen lassen. Aber noch mehr als alles andere wäre es, wenn du dich auch in ein so kleines Tier, wie eine Maus ist, verwandeln könntest. Du kannst gewiß mehr, als irgendein Zauberer auf der Welt. Aber das wird dir doch zu hoch sein.«
Der Zauberer wurde ganz freundlich von den süßen Worten und sagte: »O ja, liebes Kätzchen, das kann ich auch«, und sprang als eine Maus im Zimmer umher. Der Kater aber war gleich hinter ihm her, fing die Maus mit einem Sprung und fraß sie auf.
Der König war unterdessen mit dem Grafen und der Königstochter spazierengefahren und kam zu der großen Wiese. »Wem gehört das Heu?« fragte der König. »Dem Herrn Grafen«, riefen alle, wie der Kater ihnen befohlen hatte. »Ihr habt da ein schön' Stück Land, Herr Graf«, sagte er.
Danach kamen sie an das große Kornfeld. »Wem gehört das Korn, ihr Leute?«
»Dem Herrn Grafen.«
»Ei! Herr Graf! Große, schöne Ländereien!«
Darauf zu dem Wald: »Wem gehört das Holz, ihr Leute?«
»Dem Herrn Grafen.«
Der König verwunderte sich noch mehr und sagte: »Ihr müßt ein reicher Mann sein, Herr Graf. Ich glaube nicht, daß ich einen so prächtigen Wald habe.«
Endlich kamen sie an das Schloß des Zauberers. Der Kater stand an der Treppe, und als der Wagen unten hielt, sprang er herab, machte die Tür auf und sagte: »Herr König, Ihr gelangt hier in das Schloß meines Herrn, des Grafen, den diese Ehre für sein Lebtag glücklich machen wird.«
Der König stieg aus und verwunderte sich über das prächtige Gebäude, das fast größer und schöner war als sein Schloß. Der Graf aber führte die Königstochter die Treppe hinauf in den Saal, der ganz von Gold und Edelsteinen flimmerte.
Da versprach der König dem Grafen die Königstochter. Und als der König starb, wurde der Müllerssohn König, der Kater aber wurde sein erster Minister.

Er kam bald an des Zauberers Schloß, trat keck ein und vor ihn hin . . .

Brüderchen und Schwesterchen

Brüderchen nahm sein Schwesterchen an der Hand und sprach:
»Seit die Mutter tot ist, haben wir keine gute Stunde mehr; die Stiefmutter schlägt uns alle Tage, und wenn wir zu ihr kommen, stößt sie uns mit den Füßen fort. Die harten Brotkrusten, die übrigbleiben, sind unsere Speise, und dem Hündlein unter dem Tisch geht's besser, dem wirft sie doch manchmal einen guten Bissen zu. Daß Gott erbarm'! Wenn das unsere Mutter wüßte! Komm, wir wollen miteinander in die weite Welt gehen!«
Sie gingen den ganzen Tag über Wiesen, Felder und Steine, und wenn es regnete, sprach das Schwesterchen: »Gott und unsere Herzen, die weinen zusammen!«
Abends kamen sie in einen großen Wald und waren so müde von Jammer, Hunger und dem langen Weg, daß sie sich in einen hohlen Baum setzten und einschliefen.
Am anderen Morgen, als sie aufwachten, stand die Sonne schon hoch am Himmel und schien heiß in den Baum hinein. Da sprach das Brüderchen: »Schwesterchen, mich dürstet, wenn ich ein Brünnlein wüßte, ich ging' und tränk' einmal; ich mein', ich hört' eins rauschen.«
Brüderchen stand auf, nahm Schwesterchen an der Hand, und sie wollten das Brünnlein suchen.
Die böse Stiefmutter aber war eine Hexe und hatte wohl gesehen, wie die beiden Kinder fortgegangen waren, war ihnen nachgeschlichen, heimlich wie die Hexen schleichen, und hatte alle Brunnen im Walde verwünscht. Als sie nun ein Brünnlein fanden, das so glitzrig über die Steine sprang, wollte das Brüderchen daraus trinken. Aber das Schwesterchen hörte, wie es im Rauschen sprach: »Wer aus mir trinkt, wird ein Tiger; wer aus mir trinkt, wird ein Tiger.«
Da rief das Schwesterchen: »Ich bitte dich, Brüderlein, trink nicht, sonst wird du ein wildes Tier und zerreißest mich!«
Das Brüderchen trank nicht, obgleich es so großen Durst hatte, und sprach: »Ich will warten bis zur nächsten Quelle.«
Als sie zum zweiten Brünnlein kamen, hörte das Schwesterchen, wie auch dieses sprach: »Wer aus mir trinkt, wird ein Wolf; wer aus mir trinkt, wird ein Wolf.«
Da rief das Schwesterchen: »Brüderchen, ich bitte dich, trink nicht, sonst wirst du ein Wolf und fressest mich!«
Das Brüderchen trank nicht und sprach: »Ich will warten, bis wir zur nächsten Quelle kommen, aber dann muß ich trinken, du magst sagen, was du willst, mein Durst ist gar zu groß.«
Und als sie zum dritten Brünnlein kamen, hörte das Schwesterlein, wie es im Rauschen sprach: »Wer aus mir trinkt, wird ein Reh; wer aus mir trinkt, wird ein Reh.«
Das Schwesterchen sprach: »Ach Brüderchen, ich bitte dich, trink nicht, sonst wirst du ein Reh und läufst mir fort.«
Aber das Brüderchen hatte sich gleich beim Brünnlein niedergekniet, hinabgebeugt und von dem Wasser getrunken. Wie die ersten Tropfen auf seine Lippen gekommen waren, lag es da als ein Rehkälbchen.
Nun weinte das Schwesterchen über das arme verwünschte Brüderchen, und das Rehchen weinte auch und stand so traurig neben ihm. Da sprach das Mädchen endlich: »Sei still, liebes Rehchen, ich will dich ja nimmermehr verlassen.« Dann band es sein goldenes Strumpfband ab und tat es dem Rehchen um den Hals und rupfte Binsen und flocht ein weiches Seil daraus. Daran band es das Tierchen und führte es weiter und ging immer tiefer in den Wald hinein. Und als sie lange, lange gegangen waren, kamen sie endlich an ein kleines Haus, und das Mäd-

chen schaute hinein, und weil dieses leer war, dachte es: »Hier können wir bleiben und wohnen.« Da suchte es dem Rehchen Laub und Moos zu einem weichen Lager, und jeden Morgen ging es aus und sammelte Wurzeln, Beeren und Nüsse, und für das Rehchen brachte es zartes Gras mit, das fraß es ihm aus der Hand, war vergnügt und spielte vor ihm herum. Abends, wenn Schwesterchen müde war und sein Gebet gesagt hatte, legte es seinen Kopf auf den Rükken des Rehkälbchens, das war sein Kissen, darauf es sanft einschlief. Und hätte das Brüderchen nur seine menschliche Gestalt gehabt, es wäre ein herrliches Leben gewesen.

Das dauerte eine Zeitlang, daß sie so allein in der Wildnis waren. Es trug sich aber zu, daß der König des Landes eine große Jagd in dem Wald hielt. Da schallte das Hörnerblasen, Hundegebell und das lustige Geschrei der Jäger durch die Bäume, und das Rehlein hörte es und wäre gar zu gerne dabeigewesen. »Ach!« sprach es zum Schwesterlein, »laß mich hinaus auf die Jagd, ich kann's nicht länger mehr aushalten!« und bat so lange, bis es einwilligte. »Aber«, sprach es zu ihm, »komm mir ja abends wieder, vor den wilden Jägern schließ' ich mein Türlein; und damit ich dich kenne, so klopf und sprich: ›Mein Schwesterlein, laß mich hinein!‹ Und wenn du nicht so sprichst, so schließ' ich mein Türlein nicht auf.« Nun sprang das Rehchen hinaus, und es war ihm so wohl, denn es war so lustig in freier Luft. Der König und seine Jäger sahen das schöne Tier und setzten ihm nach, aber sie konnten es nicht einholen, und wenn sie meinten, sie hätten es gewiß, da sprang es über das Gebüsch weg und war verschwunden. Als es dunkel ward, lief es zu dem Häuschen, klopfte und sprach: »Mein Schwesterchen, laß mich hinein!« Da ward ihm die kleine Tür aufgetan, es sprang hinein und ruhte sich die ganze Nacht auf seinem weichen Lager aus.

Am andern Morgen ging die Jagd von neuem an, und als das Rehlein das Hifthorn hörte und das »Hoho!« der Jäger, da hatte es keine Ruhe und sprach: »Schwesterchen, mach mir auf, ich muß hinaus!« Das Schwesterchen öffnete ihm die Tür und sprach: »Aber zum Abend mußt du wieder dasein und dein Sprüchlein sagen.« Als der König und seine Jäger das Rehlein mit dem goldenen Halsband wieder sahen, jagten sie ihm alle nach, aber es war ihnen zu schnell und behend. Das währte den ganzen Tag, endlich aber hatten es die Jäger abends umzingelt, und einer verwundete es ein wenig am Fuß, so daß es hinken mußte und langsam fortlief. Da schlich ihm ein Jäger nach bis zu dem Häuschen und hörte, wie es rief: »Mein Schwesterlein, laß mich hinein!«, und sah, daß die Tür ihm aufgetan und alsbald wieder zugeschlossen ward. Der Jäger behielt das alles wohl im Sinn, ging zum König und erzählte ihm, was er gesehen und gehört hatte. Da sprach der König: »Morgen soll noch einmal gejagt werden!«

Das Schwesterchen aber erschrak gewaltig, als es sah, daß sein Rehkälbchen verwundet war. Es wusch ihm das Blut ab, legte Kräuter auf und sprach: »Geh auf dein Lager, Brüderchen, daß du wieder heil wirst.« Die Wunde aber war so gering, daß das Rehchen am Morgen nichts mehr davon spürte. Und als es die Jagdrufe wieder draußen hörte, sprach es: »Ich kann's nicht aushalten, ich muß dabeisein; so bald soll mich keiner kriegen!« Das Schwesterchen weinte und sprach: »Nun werden sie dich töten, und ich bin hier allein im Walde und bin verlassen von aller Welt. Ich lass' dich nicht hinaus.« – »So sterb' ich dir hier vor Betrübnis«, antwortete das Rehchen, »wenn ich das Hifthorn höre, so mein' ich, ich müßt' aus den Schuhen springen!« Da konnte das Schwesterchen nicht anders und schloß ihm mit schwerem Herzen die Tür auf, und das Rehchen sprang gesund und fröhlich in den Wald. Als es der König erblickte, sprach er zu seinen Jägern: »Nun jagt ihm nach den ganzen Tag bis in die Nacht, aber daß ihm keiner etwas zuleide tut!« Sobald die Sonne untergegangen war, sprach der König zum Jäger: »Nun komm und zeig mir das Waldhäuschen!« Und als er vor dem Türlein war, klopfte er an und rief: »Mein Schwesterlein, laß mich hinein!« Da

Abends, wenn Schwesterchen müde war und sein Gebet gesagt hatte, legte es seinen Kopf auf den Rücken des Rehkälbchens . . .

ging die Tür auf, und der König trat ein, und da stand ein Mädchen, das war so schön, wie er noch keins gesehen hatte. Das Mädchen erschrak, als es sah, daß nicht sein Rehlein, sondern ein Mann hereinkam, der eine goldene Krone auf dem Haupt hatte. Aber der König sah es freundlich an, reichte ihm die Hand und sprach: »Willst du mit mir gehen auf mein Schloß und meine liebe Frau sein?« – »Ach ja«, antwortete das Mädchen, »aber das Rehchen muß auch mit, das verlass' ich nicht.« Da sprach der König: »Es soll bei dir bleiben, so lange zu lebst, und es soll ihm an nichts fehlen.« Nun kam es hereingesprungen, und das Schwesterchen band es wieder an das Binsenseil und ging mit ihm aus dem Waldhäuschen fort.

Der König nahm das schöne Mädchen auf sein Pferd und führte es in sein Schloß, wo die Hochzeit mit großer Pracht gefeiert wurde. Nun war es die Frau Königin, und sie lebten lange Zeit vergnügt zusammen; das Rehlein ward gehegt und gepflegt und sprang in dem Schloßgarten herum. Die böse Stiefmutter aber, um derentwillen die Kinder in die Welt gegangen waren, meinte nicht anders, als Schwesterchen wäre von den wilden Tieren im Walde zerrissen und Brüderchen als ein Rehkalb von den Jägern totgeschossen worden. Als sie nun hörte, daß sie so glücklich waren und es ihnen so wohl erging, da wurden Neid und Mißgunst in ihrem Herzen rege und ließen ihr keine Ruhe, und sie hatte keinen anderen Gedanken, als wie sie die beiden doch noch ins Unglück bringen könnte. Ihre rechte Tochter, die häßlich war wie die Nacht und nur ein Auge hatte, machte ihr Vorwürfe und sprach: »Eine Königin zu werden, das Glück hätte mir gebührt.« – »Sei nur still«, sagte die Alte, »wenn's Zeit ist, will ich schon für das Richtige sorgen.«

Als nun die Zeit herangerückt war und die Königin ein schönes Knäblein zur Welt gebracht hatte und der König gerade auf der Jagd war, nahm die alte Hexe die Gestalt der Kammerfrau an, trat in die Stube, wo die Königin lag, und sprach: »Kommt, das Bad ist fertig, das wird Euch frische Kräfte geben.« Ihre Tochter war auch da, sie trugen die schwache Königin in die Badestube, legten sie in die Wanne, schlossen die Tür ab und liefen davon. In der Badestube aber hatten sie ein rechtes Höllenfeuer angemacht, daß die schöne junge Königin bald ersticken mußte.

Als das vollbracht war, nahm die Alte ihre Tochter, setzte ihr eine Haube auf und legte sie ins Bett an der Königin Stelle. Sie gab ihr auch die Gestalt und das Aussehen der Königin; nur das verlorene Auge konnte sie ihr nicht wiedergeben. Damit es aber der König nicht merkte, mußte sie sich auf jene Seite legen, wo sie kein Auge hatte. Am Abend, als er heimkam und hörte, daß ihm ein Söhnlein geboren war, freute er sich herzlich und wollte ans Bett seiner lieben Frau gehen und sehen, was sie machte. Da rief die Alte geschwind: »Beileibe nicht, laßt die Vorhänge zu, die Königin darf noch nicht ins Licht sehen und muß Ruhe haben!« Der König ging zurück und wußte nicht, daß eine falsche Königin im Bette lag.

Als es aber Mitternacht war und alles schlief, da sah die Kinderfrau, die in der Kinderstube neben der Wiege saß und allein noch wachte, wie die Tür aufging und die rechte Königin hereintrat. Sie nahm das Kind aus der Wiege, legte es in ihren Arm und gab ihm zu trinken. Dann schüttelte sie ihm sein Kißchen, legte es wieder hinein und deckte es mit dem Deckbettchen zu. Sie vergaß aber auch das Rehchen nicht, ging in die Ecke, wo es lag, und streichelte ihm über den Rücken. Darauf ging sie ganz stillschweigend wieder zur Tür hinaus, und die Kinderfrau fragte am andern Morgen die Wächter, ob jemand während der Nacht ins Schloß gegangen wäre. Aber sie antworteten: »Nein, wir haben niemand gesehen.«

So kam sie viele Nächte und sprach niemals ein Wort dabei; die Kinderfrau sah sie immer, aber sie getraute sich nicht, jemand etwas davon zu sagen.

Als nun so eine Zeit verflossen war, da begann die Königin in der Nacht zu reden:

»Was macht mein Kind? Was macht mein Reh?
Nun komm' ich noch zweimal und dann nimmermehr.«

Die Kinderfrau antwortete ihr nicht; aber als sie wieder verschwunden war, ging sie zum König und erzählte ihm alles. Sprach der König: »Ach Gott! Was ist das! Ich will in der nächsten Nacht bei dem Kinde wachen.« Abends ging er in die Kinderstube; aber um Mitternacht erschien die Königin wieder und sprach:

»Was macht mein Kind? Was macht mein Reh?
Nun komm' ich noch einmal und dann nimmermehr.«

Und pflegte dann das Kind, wie sie gewöhnlich tat, ehe sie verschwand.
Der König getraute sich nicht, sie anzureden, aber er wachte auch in der folgenden Nacht. Sie sprach abermals:

»Was macht mein Kind? Was macht mein Reh?
Nun komm' ich noch diesmal und dann nimmermehr.«

Da konnte sich der König nicht zurückhalten, sprang zu ihr und sprach: »Du kannst niemand anders sein als meine liebe Frau!« Da antwortete sie: »Ja, ich bin deine liebe Frau«, und hatte in dem Augenblick das Leben wieder erhalten, war frisch, rot und gesund. Darauf erzählte sie dem König den Frevel, den die böse Hexe und ihre Tochter an ihr verübt hatten. Der König ließ beide vor Gericht führen, und es ward ihnen das Urteil gesprochen. Die Tochter ward in den Wald geführt, wo sie die wilden Tiere zerrissen, die Hexe aber ward ins Feuer gelegt und mußte jammervoll verbrennen. Und wie sie zu Asche verbrannt war, verwandelte sich das Rehkälbchen und erhielt seine menschliche Gestalt wieder; Schwesterchen und Brüderchen aber lebten glücklich zusammen bis an ihr Ende.

Das Märchen vom Machandelbaum

Das ist nun schon lange her, wohl zweitausend Jahre, da lebte ein reicher Mann, der hatte eine schöne, fromme Frau, und sie hatten sich beide sehr lieb, hatten aber keine Kinder. Sie wünschten sich aber so sehr welche, und die Frau betete Tag und Nacht, aber sie kriegten und kriegten keine. Vor ihrem Haus war ein Hof, darauf stand ein Machandelbaum, unter dem stand die Frau einst im Winter und schälte einen Apfel, und als sie den Apfel so schälte, schnitt sie sich in den Finger, und das Blut fiel in den Schnee.

»Ach!« sagte die Frau und seufzte, und sah das Blut vor sich an und war so recht wehmütig – »hätt' ich doch ein Kind so rot wie Blut und so weiß wie Schnee!« –, und als sie das sagte, wurde ihr ganz froh zumute.
Da ging sie ins Haus, und es verging ein Monat, der Schnee schmolz, und zwei Monate, und es wurde grün, und drei Monate, da kamen die Blumen aus der Erde, und vier Monate, da drängten sich alle Bäume im Holz, und die Zweige wurden grün.
Da sangen die Vögelein, daß der ganze Wald

schallte, und die Blüten fielen von den Bäumen, da war der fünfte Monat vorbei.
Und sie stand unter dem Machandelbaum, der roch so schön, daß ihr Herz vor Freude lachte, und sie fiel auf ihre Knie vor Glück, und als der sechste Monat vorbei war, da wurden die Früchte dick und stark, da wurde sie ganz still, und im siebenten Monat griff sie nach den Machandelbeeren und aß sonst nichts, da wurde sie traurig und krank; da ging der achte Monat hin, und sie rief ihren Mann und weinte und sprach: »Wenn ich sterbe, so begrabe mich unter dem Machandelbaum!«
Da wurde sie wieder getröstet und freute sich, bis der neunte Monat vorbei war, da bekam sie ein Kind, so weiß wie Schnee und so rot wie Blut. Und als sie das sah, freute sie sich so sehr, daß sie starb.

Da begrub ihr Mann sie unter dem Machandelbaum, und er fing sehr zu weinen an und weinte lange Zeit, dann wurde das Wasser weniger, und er wurde ein wenig froher, und nach einiger Zeit nahm er sich wieder eine Frau.
Mit der zweiten Frau kriegte er eine Tochter. Das Kind von der ersten Frau war ein kleiner Sohn und war so rot wie Blut und so weiß wie Schnee. Wenn die Frau ihre Tochter so ansah, da hatte sie sie so lieb, aber dann sah sie den kleinen Jungen an, und das schnitt ihr ins Herz, und ihr dünkte, als stünde er ihr dauernd im Weg, und sie dachte immer daran, daß sie ihrer Tochter all das Vermögen zuwenden wolle. Und der Teufel gab ihr ein, daß sie dem kleinen Jungen ganz gram wurde, und sie schob ihn von einer Ecke in die andere und buffte ihn hier und knuffte ihn da, so daß das arme Kind immer in Angst war; sobald er aus der Schule kam, hatte er keine ruhige Stunde mehr.

Einmal war die Frau in die Kammer gegangen, da kam die kleine Tochter auch hinauf und sagte: »Mutter, gib mir einen Apfel!« – »Ja, mein Kind«, sagte die Frau und gab ihr einen schönen Apfel aus der Kiste, die Kiste aber hatte einen großen schweren Deckel mit einem großen eisernen Schloß. »Mutter«, sagte die kleine Tochter, »soll der Bruder nicht auch einen bekommen?« Das verdroß die Frau, doch sie sagte: »Ja, wenn er heute aus der Schule kommt«; und als sie durch das Fenster sah, daß er kam, so war es recht so, als ob das Böse über sie käme, und sie nahm ihrer Tochter den Apfel wieder weg und sagte: »Du sollst nicht eher einen haben als der Bruder.«

Da schmiß sie den Apfel in die Kiste und machte die Kiste zu. Da kam der kleine Junge durch die Tür, und sie sagte freundlich zu ihm: »Mein Sohn, willst du einen Apfel haben?«
»Mutter«, sagte der kleine Junge, »was siehst du mich so seltsam an? Ja, gib mir einen Apfel.« Da war ihr, als sollte sie ihm zureden: »Komm mit mir«, sagte sie und machte den Deckel auf, und als sich der kleine Junge hineinbückte – pratsch – schlug sie den Deckel zu, daß der Kopf flog und unter die roten Äpfel fiel. Da überfiel sie die Angst und sie dachte: »Könnte ich das nur ungeschehen machen . . .«
Da ging sie in die Stube und holte aus der Schublade ein weißes Tuch und setzte den Kopf wieder auf den Hals und band das Halstuch so um, daß man nichts sehen konnte, und setzte ihn auf einen Stuhl vor die Tür und gab ihm einen Apfel in die Hand.

Da kam Marlenchen zu ihrer Mutter in die Küche, die stand beim Feuer und hatte einen Topf mit heißem Wasser vor sich, in dem rührte sie immerzu um. »Mutter«, sagte Marlenchen, »Brüderchen sitzt vor der Tür und sieht ganz weiß aus, und er hat einen Apfel in der Hand, und ich habe ihn gebeten, er soll mir den Apfel geben, aber er antwortet mir nicht, da wurde mir ganz gruselig.«
»Geh noch einmal hin«, sagte die Mutter, »und wenn er dir nicht antworten will, so gib ihm eins hinter die Ohren.«
Da ging Marlene hin und sagte: »Bruder, gib mir den Apfel!«

Aber er schwieg still, da gab sie ihm eins hinter die Ohren, da fiel der Kopf herunter. Sie erschrak und fing zu weinen an und lief zu ihrer Mutter und sagte: »Ach Mutter, ich habe meinem Bruder den Kopf abgeschlagen.«
Und sie weinte und weinte und konnte sich gar nicht beruhigen.
»Marlenchen«, sagte die Mutter, »was hast du getan! Aber schweig schön still, damit es kein Mensch merkt, das ist nun doch nicht zu ändern; wir werden ihn in der Suppe kochen.«
Da nahm die Mutter den kleinen Jungen und hackte ihn in Stücke, gab ihn in den Topf und kochte ihn in der Suppe. Marlenchen aber stand daneben und weinte und weinte, und die Tränen fielen alle in den Topf, und sie brauchten gar kein Salz mehr.

Da kam der Vater nach Hause und setzte sich an den Tisch und sagte: »Wo ist denn mein Sohn?«
Da trug die Mutter eine große, große Schüssel auf mit dunkler Suppe, und Marlenchen weinte und weinte und konnte sich nicht beherrschen.
Da sagte der Vater wieder: »Wo ist denn mein Sohn?«
»Ach«, sagte die Mutter, »er ist über Land gegangen, zum Großonkel. Er will dort ein bißchen bleiben.«
»Was tut er denn da? Er hat mir nicht einmal adieu gesagt.«
»Oh, er wollte so gern hin und hat mich gefragt, ob er nicht sechs Wochen bleiben kann, er ist dort ja gut aufgehoben.«
»Ach«, sagte der Mann, »ich bin doch recht traurig, er hätte mir doch wenigstens adieu sagen können.«
Damit fing er zu essen an und sagte:
»Marlenchen, warum weinst du? Der Bruder wird schon wiederkommen.«
»Ach, Frau«, sagte er dann, »heute schmeckt mir das Essen besonders gut! Gib mir mehr!«
Und je mehr er aß, desto mehr wollte er haben, und er sprach:
»Gebt mir mehr, nichts soll übrigbleiben!«
Und er aß und aß, und die Knochen warf er alle unter den Tisch, bis alles aufgegessen war.
Marlenchen aber ging zu ihrer Kommode und nahm aus der untersten Lade ihr schönstes seidenes Tuch heraus und holte alle Beinchen und Knöchelchen unter dem Tisch hervor und band sie in das Seidentuch.
Das trug sie dann vor die Tür und weinte bitterlich.
Sie legte das Bündel unter den Machandelbaum in das grüne Gras, und auf einmal wurde ihr ganz leicht ums Herz, und sie weinte nicht mehr. Da fing der Machandelbaum an, sich zu bewegen, und die Zweige taten sich auseinander und dann wieder zusammen, wie wenn sich einer so recht freut und in die Hände klatscht. Zugleich kam ein Nebel vom Baum, und in dem Nebel da brannte ein Feuer, und aus dem Feuer kam ein wunderschöner Vogel. Er sang so herrlich und flog hoch in die Luft, und als er weg war, da wurde der Machandelbaum wieder so wie vorher, nur das Tuch mit den Knöchelchen war verschwunden.
Marlenchen aber wurde ganz vergnügt, so als wäre der Bruder noch am Leben. Sie ging wieder ganz fröhlich zurück ins Haus und setzte sich zu Tisch.
Der Vogel aber flog davon, setzte sich auf das Haus eines Goldschmiedes und fing an zu singen:

»Meine Mutter, die mich schlacht',
mein Vater, der mich aß,
meine Schwester, das Marlenchen,
suchte alle meine Beinchen,
band sie in ein seidenes Tuch,
legte es unter den Machandelbaum.
Kiwitt, kiwitt, was für ein schöner Vogel ich bin!«

Der Goldschmied saß in seiner Werkstatt und schmiedete eine goldene Kette. Da hörte er den Vogel, der auf seinem Dach saß und sang, und das klang so wunderschön.
Da stand er auf, und als er über die Schwelle ging, verlor er einen Schuh. Er lief hinaus auf

Sie legte das Bündel unter den Machandelbaum in das grüne Gras,
und auf einmal wurde ihr ganz leicht ums Herz . . .

die Straße, nur mit einem Schuh und einer Socke an. Seine Schürze hatte er umgebunden, und in einer Hand hielt er die goldene Kette und in der anderen die Zange.
Die Sonne schien hell auf die Straße.
Der Goldschmied blieb stehen und betrachtete den Vogel.
»Vogel«, sagte er, »wie schön du doch singen kannst! Sing mir dieses Lied noch einmal!«
»Nein«, sagte der Vogel. »Zweimal singe ich nicht umsonst. Gib mir die goldene Kette, dann will ich noch einmal singen.«
»Hier«, sagte der Goldschmied, »da hast du die goldene Kette, nun sing aber noch einmal für mich.«
Da kam der Vogel und nahm die goldene Kette in die rechte Klaue und setzte sich vor den Goldschmied und sang:

»Meine Mutter, die mich schlacht',
mein Vater, der mich aß,
meine Schwester, das Marlenchen,
suchte alle meine Beinchen,
band sie in ein seidenes Tuch,
legte es unter den Machandelbaum.
Kiwitt, kiwitt, was für ein schöner Vogel ich bin!«

Dann flog der Vogel weiter zu einem Schuster, setzte sich auf sein Dach und sang:

»Meine Mutter, die mich schlacht',
mein Vater, der mich aß,
meine Schwester, das Marlenchen,
suchte alle meine Beinchen,
band sie in ein seidenes Tuch,
legte es unter den Machandelbaum.
Kiwitt, kiwitt, was für ein schöner Vogel ich bin!«

Der Schuster hörte das und lief in Hemdsärmeln vor die Tür und sah auf das Dach und mußte sich die Hand vor die Augen halten, weil ihn die Sonne so blendete. »Vogel«, sagte er, »wie schön du doch singen kannst!«
Dann rief er ins Haus hinein: »Frau, komm heraus, sieh dir diesen Vogel an! Wie schön er singen kann!«
Dann rief er seine Tochter und alle Kinder und Gesellen, Knechte und Mägde, und alle liefen auf die Straße und bewunderten den Vogel, wie schön er war, er hatte rote und grüne Federn, und sein Hals glänzte wie Gold, und die Augen blinkten wie Sterne.
»Vogel«, sagte der Schuster, »nun sing mir das Lied noch einmal!«
»Nein«, sagte der Vogel, »zweimal singe ich nicht umsonst, du mußt mir etwas schenken.«
»Frau«, sagte der Mann, »geh doch auf den Boden, auf dem hintersten Regal steht ein Paar rote Schuhe, die bring herunter!«
Da ging die Frau und holte die Schuhe.
»Hier«, sagte der Mann, »nun sing mir das Lied noch einmal.«
Da kam der Vogel und nahm die Schuhe in die linke Klaue und flog wieder aufs Dach und sang:

»Meine Mutter, die mich schlacht',
mein Vater, der mich aß,
meine Schwester, das Marlenchen,
suchte alle meine Beinchen,
band sie in ein seidenes Tuch,
legte es unter den Machandelbaum.
Kiwitt, kiwitt, was für ein schöner Vogel ich bin!«

Und als er fertig gesungen hatte, flog er davon. Die Kette hatte er in der rechten und die Schuhe in der linken Klaue. Er flog weiter zu einer Mühle, und die Mühle ging klipp-klapp, klipp-klapp, klipp-klapp. Und in der Mühle saßen zwanzig Müllersburschen und schlugen einen Mühlstein und hackten hick-hack, hick-hack, hick-hack auf den Stein ein. Und die Mühle ging klipp-klapp.
Da setzte sich der Vogel auf einen Lindenbaum, der vor der Mühle wuchs, und sang:

»Meine Mutter, die mich schlacht'.«

Da hörte einer auf zu hacken.

»Mein Vater, der mich aß«,

Da hörten zwei auf und lauschten.

»Meine Schwester, das Marlenchen,

Da hörten wieder vier auf.

»Suchte alle meine Beinchen,
band sie in ein seidenes Tuch«,

Nun hackten nur noch acht,

»legte es unter«

Jetzt nur noch fünf,

»den Machandelbaum.«

Jetzt nur noch einer.

»Kiwitt, kiwitt, war für ein schöner Vogel
ich bin.«

Da legte auch der letzte die Arbeit nieder und lauschte.
»Vogel«, sagte er, »wie schön du doch singen kannst! Laß mich das auch hören, sing mir das noch einmal.«
»Nein«, sagte der Vogel, »zweimal singe ich nicht umsonst. Gib mir den Mühlstein, dann will ich noch einmal singen.«
»Ja«, sagte der Müllersbursch, »wenn er mir allein gehörte, könntest du ihn gerne haben.«
»Gut«, sagten die anderen. »Wenn er noch einmal singt, soll der Mühlstein ihm gehören.«
Da kam der Vogel vom Baum, und die zwanzig Müller stellten den Stein auf: Ho-ruck, ho-ruck, ho-ruck! Da steckte der Vogel den Hals durch das Loch in der Mitte und trug den Stein wie einen Kragen. Er flog wieder auf den Baum und sang:

»Meine Mutter, die mich schlacht',
mein Vater, der mich aß,
meine Schwester, das Marlenchen,
suchte alle meine Beinchen,
band sie in ein seidenes Tuch,
legte es unter den Machandelbaum.
Kiwitt, kiwitt, was für ein schöner Vogel ich bin!«

Und als er fertig gesungen hatte, da spreizte er die Flügel und hatte in der rechten Klaue die Kette und in der linken die Schuhe und um den Hals den Mühlstein, und er flog weit weg zum Haus seines Vaters.

In der Stube saßen der Vater, die Mutter und Marlenchen bei Tisch, und der Vater sprach: »Ach, wie ist mir doch wohl zumute.«
»Nun«, sagte die Mutter, »mir ist so recht angst und bang, als würde ein schweres Gewitter kommen.«
»Ach«, sagte der Vater, »mir ist so froh ums Herz, und die Sonne scheint so schön. Mir ist, als sollte ich einen alten Bekannten wiedersehen.«
»Nein«, sagte die Frau. »Mir ist so angst, meine Zähne klappern, und mein Blut rinnt wie Feuer durch meine Adern.«
Marlenchen saß indessen in einer Ecke und weinte, und sie hatte einen Teller vor sich stehen, den hatte sie schon ganz naßgeweint.
Da setzte sich der Vogel auf den Machandelbaum und sang.

»Meine Mutter, die mich schlacht'«,

Da hielt sich die Mutter die Ohren zu und kniff die Augen zusammen und wollte nichts sehen und nichts hören, aber es brauste in ihren Ohren wie der allerstärkste Sturm, und die Augen brannten ihr, wie wenn Blitze darin zuckten.

»Mein Vater, der mich aß«,

»Ach, Frau«, sagte der Mann, »da ist ein gar schöner Vogel, der singt so herrlich, und die Sonne scheint so warm!«

»Meine Schwester, das Marlenchen«,

Da legte Marlenchen den Kopf auf die Knie und weinte und weinte und konnte gar nicht mehr aufhören. Der Mann aber sagte:
»Ich gehe hinaus, ich muß diesen Vogel aus der Nähe sehen.«
»Ach, geh nicht!« sagte die Frau. »Mir ist, als bebte das ganze Haus und stünde in Flammen.«

Aber der Mann ging hinaus zu dem Vogel.

»Meine Mutter, die mich schlacht',
mein Vater, der mich aß,
meine Schwester, das Marlenchen,
suchte alle meine Beinchen,
band sie in ein seidenes Tuch,
legte es unter den Machandelbaum.
Kiwitt, kiwitt, was für ein schöner Vogel ich bin!«

Dabei ließ der Vogel die goldene Kette fallen, und sie fiel dem Mann genau um den Hals, daß sie ihm so recht paßte. Da ging er ins Haus und sprach: »Sieh, was für ein schöner Vogel das ist, er hat mir eine goldene Kette geschenkt, und er sieht ganz wunderbar aus.«
Der Frau aber war so angst, und sie fiel in der Stube nieder, und dabei rutschte ihr die Mütze vom Kopf. Da sang der Vogel wieder:

Meine Mutter, die mich schlacht'«,

»Ach, wäre ich doch tausend Meter unter der Erde, daß ich das nicht hören müßte!«

»Mein Vater, der mich aß«,

Da fiel die Frau wie tot auf den Boden.

»Meine Schwester, das Marlenchen«,

»Ach«, sagte das Marlenchen, »ich will auch hinausgehen, vielleicht schenkt mir der Vogel auch etwas.« Und sie ging vor das Haus.

»Suchte alle meine Beinchen,
band sie in ein seidenes Tuch«,

Da warf ihr der Vogel die Schuhe hin.

»Legte es unter den Machandelbaum. Kiwitt,
kiwitt, was für ein schöner Vogel ich bin!«

Da war ihr ganz leicht und vergnügt. Sie zog die neuen roten Schuhe an und tanzte und sprang wieder ins Haus hinein.
»Ach«, sagte sie, »ich war so traurig, als ich hinausging, und nun ist mir so leicht, dieser wunderbare Vogel hat mir rote Schuhe geschenkt!«
»Oh weh«, sagte die Frau, und die Haare standen ihr zu Berge wie Feuersflammen. »Mir ist, als solle die Welt untergehen. Ich will auch hinaus, vielleicht wird mir auch leichter.«
Und als sie aus der Tür trat – pratsch! –, warf ihr der Vogel den Mühlstein auf den Kopf, und sie fiel tot um. Der Vater und Marlenchen hörten das und gingen hinaus.
Da war ein Dampf um den Machandelbaum und Flammen und Feuer, und als das vorbei war, da stand der Bruder vor ihnen, und er nahm seinen Vater und Marlenchen bei der Hand, und alle drei waren so recht vergnügt und gingen ins Haus, setzten sich an den Tisch und aßen.

Die Sterntaler

Es war einmal ein kleines Mädchen, dem war Vater und Mutter gestorben, und es war so arm, daß es kein Kämmerchen mehr hatte, darin zu wohnen, und kein Bettchen mehr, darin zu schlafen, und endlich gar nichts mehr als die Kleider auf dem Leib und ein Stückchen Brot in der Hand, das ihm ein mitleidiges Herz geschenkt hatte. Es war aber gut und fromm. Und weil es so von aller Welt verlassen war, ging es, in Vertrauen auf den lieben Gott, hinaus aufs Feld. Da begegnete ihm ein armer Mann, der sprach: »Ach, gib mir etwas zu essen, ich bin so hungrig.« Es reichte ihm das ganze Stückchen Brot und sagte: »Gott segne dir's!« und ging

Und wie es so stand und gar nichts mehr hatte, fielen auf einmal die Sterne vom Himmel und waren lauter blanke Taler . . .

weiter. Da kam ein Kind, das jammerte und sprach: »Es friert mich so an meinem Kopfe, schenk mir etwas, womit ich ihn bedecken kann.« Da tat es seine Mütze ab und gab sie ihm. Und als es noch eine Weile gegangen war, kam wieder ein Kind und hatte kein Leibchen und fror. Da gab es ihm eins; und noch weiter, da bat eins um ein Röcklein, das gab es auch hin. Endlich gelangte es in einem Wald, da kam noch eins und bat um ein Hemdlein, und das fromme Mädchen dachte: »Es ist dunkle Nacht, da sieht dich niemand, du kannst wohl dein Hemd weggeben«, und zog das Hemd ab und gab es auch noch hin. Und wie es so stand und gar nichts mehr hatte, fielen auf einmal die Sterne vom Himmel und waren lauter harte blanke Taler; und obgleich es sein Hemdlein weggegeben, so hatte es ein neues an, und das war aus allerfeinstem Linnen. Da sammelte es die Taler ein und war reich für sein Lebtag.

Die sechs Schwäne

Es jagte einmal ein König in einem großen Wald. Er jagte einem Wild so eifrig nach, daß ihm niemand von seinen Leuten folgen konnte. Als der Abend herankam, hielt er still und blickte um sich, da sah er, daß er sich verirrt hatte. Er suchte einen Ausgang, konnte aber keinen finden. Da sah er eine alte Frau mit wakkelndem Kopfe, die auf ihn zukam; das war aber eine Hexe. »Liebe Frau«, sprach er zu ihr, »könnt Ihr mir nicht den Weg durch den Wald zeigen?« – »O ja, Herr König«, antwortete sie, »das kann ich wohl, aber es ist eine Bedingung dabei, wenn Ihr die nicht erfüllt, so kommt Ihr nimmermehr aus dem Wald und müßt darin Hungers sterben.« – »Was ist das für eine Bedingung?« fragte der König. – »Ich habe eine Tochter«, sagte die Alte, »die so schön ist, wie Ihr keine auf der Welt finden könnt, und sie hat es sich wohl verdient, Eure Gemahlin zu werden; wollt Ihr die zur Königin machen, so zeige ich Euch den Weg aus dem Walde.« Der König in der Angst seines Herzens willigte ein, und die Alte führte ihn zu ihrem Häuschen, wo ihre Tochter beim Feuer saß. Sie empfing den König, als wenn sie ihn erwartet hätte, und er sah wohl, daß sie sehr schön war, aber sie gefiel ihm doch nicht, und er konnte sie ohne heimliches Grausen nicht ansehen. Nachdem er das Mädchen zu sich aufs Pferd gehoben hatte, zeigte ihm die Alte den Weg, und der König gelangte wieder in sein königliches Schloß, wo bald darauf die Hochzeit gefeiert wurde.

Der König war schon einmal verheiratet gewesen und hatte von seiner ersten Gemahlin sieben Kinder, sechs Knaben und ein Mädchen, die er über alles auf der Welt liebte. Weil er nun fürchtete, die Stiefmutter möchte sie nicht gut behandeln und ihnen gar ein Leid antun, so brachte er die Kinder in ein einsames Schloß, das mitten in einem Wald stand. Es lag so verborgen und der Weg war so schwer zu finden, daß er ihn selbst nicht gefunden hätte, wenn ihm nicht eine weise Frau ein Knäuel Garn von wunderbarer Eigenschaft geschenkt hätte; wenn er das vor sich hinwarf, so wickelte es sich von selbst los und zeigte ihm den Weg. Der König ging aber so oft hinaus zu seinen lieben Kindern, daß der Königin seine Abwesenheit auffiel. Sie gab seinen Dienern viel Geld, und die verrieten ihr das Geheimnis und erzählten ihr auch von dem Knäuel, das allein den Weg zeigen könnte. Nun hatte sie keine Ruhe, bis sie herausgebracht hatte, wo der König das Knäuel aufbewahrte. Dann machte sie kleine weißseidene Hemdchen, und da sie von ihrer Mutter die Hexenkünste gelernt hatte, so nähte sie einen Zauber hinein. Und als er König einmal auf die Jagd geritten war, nahm sie die Hemdchen und ging in den Wald, und das Knäuel zeigte ihr den Weg. Die Kinder, die aus der Ferne jemanden kommen sahen, meinten, ihr lieber Vater käme zu ihnen, und sprangen ihm voll Freude entgegen. Da warf sie über ein jedes eins von den Hemdchen, und wie das ihren Leib berührt hatte, verwandelten sie sich in Schwäne und flogen über den Wald hinweg. Die Königin ging ganz vergnügt nach Haus und glaubte ihre Stiefkinder los zu sein, aber das Mädchen war ihr mit den Brüdern nicht entgegengelaufen, und die Königin wußte nichts von ihm. Anderntags kam der König und wollte seine Kinder besuchen, er fand aber nur das Mädchen. »Wo sind deine Brüder?« fragte der König. »Ach, lieber Vater«, antwortete es, »die sind fort und haben mich allein zurückgelassen«, und erzählte ihm, daß es aus seinem Fensterlein mit angesehen habe, wie seine Brüder als Schwäne über den Wald weggeflogen wären, und zeigte ihm die Federn, die sie in den Hof hatten fallen lassen und die es aufgelesen hatte. Der König trauerte, aber er dachte nicht, daß die Königin die böse Tat vollbracht hätte, und weil er fürchtete, das Mädchen würde ihm auch geraubt, so wollte er es mitnehmen. Aber es hatte Angst vor der Stiefmutter, und so bat sie den König, daß es nur noch diese Nacht im Waldschloß bleiben dürfte.

Das arme Mädchen dachte: »Meines Bleibens ist nicht länger hier, ich will gehen und meine Brüder suchen.« Und als die Nacht kam, entfloh es und ging gerade in den Wald hinein. Es ging die ganze Nacht durch und auch den andern Tag in einem fort, bis es vor Müdigkeit nicht weiterkonnte. Da sah es eine Wildhütte, stieg hinauf und fand eine Stube mit sechs kleinen Betten, aber es getraute sich nicht in eins zu legen, sondern kroch *unter* eins, legte sich auf den harten Boden und wollte die Nacht da zubringen. Als aber die Sonne bald untergehen wollte, hörte es ein Rauschen und sah, daß sechs Schwäne zum Fenster hereingeflogen kamen. Sie setzten sich auf den Boden und bliesen einander an und bliesen sich alle Federn ab, und ihre Schwanenhaut streifte sich ab wie ein Hemd. Da sah sie das Mädchen an und erkannte ihre Brüder, freute sich und kroch unter dem Bett hervor. Die Brüder waren nicht weniger erfreut, als sie ihr Schwesterchen erblickten, aber ihre Freude war von kurzer Dauer. »Hier kann deines Bleibens nicht sein«, sprachen sie zu ihm, »das ist eine Herberge für Räuber; wenn die heimkommen und finden dich, so ermorden sie dich.« – »Könnt ihr mich denn nicht beschützen?« fragte das Schwesterchen. – »Nein«, antworteten sie, »denn wir können nur eine Viertelstunde lang jeden Abend unsere Schwanenhaut ablegen und haben in dieser Zeit unsere menschliche Gestalt, aber dann werden wir wieder in Schwäne verwandelt.« Das Schwesterchen weinte und sagte: »Könnt ihr denn nicht erlöst werden?« – »Ach nein«, antworteten sie, »die Bedingungen sind zu schwer. Du darfst sechs Jahre lang nicht sprechen und nicht lachen und mußt in der Zeit sechs Hemdchen für uns aus Sternenblumen zusammennähen. Kommt ein einziges Wort aus deinem Munde, so war alle Arbeit vergeblich.«

Und als die Brüder das gesprochen hatten, war die Viertelstunde um, und sie flogen als Schwäne wieder zum Fenster hinaus.

Das Mädchen aber faßte den festen Entschluß, seine Brüder zu erlösen, und wenn es auch sein Leben kostete. Es verließ die Wildhütte, ging mitten in den Wald und setzte sich auf einen Baum und brachte da die Nacht zu. Am andern Morgen ging es aus, sammelte Sternblumen und fing an zu nähen. Reden konnte es mit niemandem, und zum Lachen hatte es keinen Grund; es saß da und sah nur auf seine Arbeit. Als es schon lange Zeit da zugebracht hatte, geschah es, daß der König des Landes in dem Walde jagte und seine Jäger zu dem Baum kamen, auf dem das Mädchen saß. Sie riefen es und sagten: »Wer

Sie setzten sich auf den Boden und bliesen einander an und bliesen sich die Federn ab . . .

bist du?« Es gab aber keine Antwort. »Fürchte dich nicht und komm herab zu uns«, sagten sie, »wir wollen dir nichts zuleide tun.«
Es schüttelte bloß mit dem Kopf. Als sie es weiter mit Fragen bedrängten, so warf es ihnen seine goldene Halskette herab und dachte, sie damit zufriedenzustellen. Sie ließen aber nicht ab, da warf es ihnen seinen Gürtel herab, und als auch dies nichts half, seine Strumpfbänder und nach und nach alles, was es anhatte und entbehren konnte, so daß es nichts mehr als sein Hemdlein behielt. Die Jäger ließen sich aber damit nicht abweisen, stiegen auf den Baum, hoben das Mädchen herab und führten es vor den König. Der König fragte: »Wer bist du? Und was machst du auf dem Baum?«
Aber es antwortete nicht. Er fragte in allen Sprachen, die er wußte, aber es blieb stumm wie ein Fisch. Weil es aber so schön war, so wurde des Königs Herz gerührt, und er faßte eine große Liebe zu ihm. Er legte ihm seinen Mantel um, nahm es vor sich aufs Pferd und brachte es in sein Schloß. Da ließ er ihm prächtige Kleider geben, und es strahlte in seiner Schönheit wie der helle Tag, aber es war kein Wort aus ihm herauszubringen. Er setzte es bei Tisch an seine Seite, und seine bescheidenen Mienen und seine Sittsamkeit gefiel ihm so sehr, daß er sprach: »Diese Jungfrau begehre ich zu heiraten und keine andere auf der Welt«, und nach einigen Tagen vermählte er sich mit ihr.
Der König aber hatte eine böse Mutter, die war unzufrieden mit dieser Heirat und sprach schlecht von der jungen Königin. »Wer weiß, wo die Dirne her ist«, sagte sie, »die nicht reden kann. Sie ist eines Königs nicht würdig.« Nach einem Jahr, als die Königin das erste Kind zur Welt brachte, nahm es ihr die Alte weg und bestrich ihr im Schlafe den Mund mit Blut. Da ging sie zum König und klagte sie an, sie wäre eine Menschenfresserin. Der König wollte es nicht glauben und litt nicht, daß man ihr ein Leid antat. Sie saß aber beständig und nähte an den Hemden und achtete auf nichts anderes. Als sie dann wieder einen schönen Knaben gebar, übte die falsche Schwiegermutter denselben Betrug aus; aber der König konnte sich nicht entschließen, ihren Reden Glauben zu schenken. Er sprach: »Sie ist zu fromm und gut, als daß sie so etwas tun könnte; wäre sie nicht stumm und könnte sie sich verteidigen, so würde ihre Unschuld an den Tag kommen.« Als aber das dritte Mal die Alte das neugeborene Kind raubte und die Königin anklagte, die kein Wort zu ihrer Verteidigung vorbrachte, so konnte der König nicht anders, er mußte sie dem Gericht übergeben, und das verurteilte sie zum Tod durch Feuer.
Als der Tag herankam, wo das Urteil vollzogen werden sollte, da war zugleich der letzte Tag von den sechs Jahren um, in denen sie nicht sprechen und nicht lachen durfte, und sie hatte ihre lieben Brüder aus der Macht des Zaubers befreit. Die sechs Hemden waren fertig geworden, nur an dem letzten fehlte noch der linke Ärmel. Als sie nun zum Scheiterhaufen geführt wurde, legte sie die Hemden über ihren Arm, und als sie oben stand und das Feuer eben angezündet werden sollte, schaute sie sich um; da kamen sechs Schwäne durch die Luft dahergezogen. Sie sah, daß ihre Erlösung nahte, und ihr Herz schlug vor Freude. Die Schwäne rauschten zu ihr her und senkten sich herab, so daß sie ihnen die Hemden überwerfen konnte, und wie sie davon berührt wurden, fielen die Schwanenhäute ab, und ihre Brüder standen leibhaftig vor ihr. Dem jüngsten fehlte der linke Arm, er hatte dafür einen Schwanenflügel am Rücken. Sie herzten und küßten einander, und die Königin ging zum König und sagte: »Lieber Gemahl, nun darf ich sprechen und dir offenbaren, daß ich unschuldig bin und fälschlich angeklagt.« Sie erzählte ihm von dem Betrug der Alten, die ihre drei Kinder weggenommen und verborgen hätte. Da wurden sie zu großer Freude des Königs herbeigeholt, und die böse Schwiegermutter wurde zur Strafe auf den Scheiterhaufen gebunden und zu Asche verbrannt. Der König aber und die Königin mit ihren sechs Brüdern lebten lange Jahre in Glück und Frieden.

Einäuglein, Zweiäuglein, Dreiäuglein

Es war eine Frau, die hatte drei Töchter, davon hieß die älteste Einäuglein, weil sie nur ein einziges Auge mitten auf der Stirn hatte, und die mittlere Zweiäuglein, weil sie zwei Augen hatte wie andere Menschen, und die jüngste Dreiäuglein, weil sie drei Augen hatte, und das dritte stand ihr gleichfalls mitten auf der Stirne. Darum aber, daß Zweiäuglein nicht anders aussah als andere Menschenkinder, konnten es die Schwestern und die Mutter nicht leiden. Sie sprachen zu ihm: »Du mit deinen zwei Augen bist nicht besser als das gemeine Volk, du gehörst nicht zu uns.«

Sie stießen es herum und warfen ihm schlechte Kleider hin und gaben ihm nicht mehr zu essen, als sie übrigließen, und taten ihm Herzeleid an, wo sie nur konnten.

Es trug sich zu, daß Zweiäuglein hinaus ins Feld gehen und die Ziege hüten mußte, aber noch ganz hungrig war, weil ihm seine Schwestern sowenig zu essen gegeben hatten. Da setzte es sich auf einen Rain und fing an zu weinen, so sehr zu weinen, daß zwei Bächlein aus seinen Augen herabflossen. Und wie es in seinem Jammer einmal aufblickte, stand eine Frau neben ihm, die fragte: »Zweiäuglein, was weinst du?« Zweiäuglein antwortete: »Soll ich nicht weinen? Weil ich zwei Augen habe wie andere Menschen, so können mich meine Schwestern und meine Mutter nicht leiden, stoßen mich aus einer Ecke in die andere, werfen mir alte Kleider hin und geben mir nicht mehr zu essen, als sie übriglassen. Heute haben sie mir so wenig gegeben, daß ich noch ganz hungrig bin.« Sprach die weise Frau: »Zweiäuglein, trockne dir dein Angesicht, ich will dir etwas sagen, daß du nicht mehr hungern sollst. Sprich nur zu deiner Ziege:

›Zicklein, meck,
Tischlein, deck!‹

Dann wird ein sauber gedecktes Tischlein vor dir stehen und das schönste Essen darauf, daß du essen kannst, soviel du Lust hast. Und wenn du satt bist und das Tischlein nicht mehr brauchst, so sprichst nur:

›Zicklein, meck,
Tischlein, weg!‹

Dann wird das Tischlein vor deinen Augen wieder verschwinden.« Darauf ging die weise Frau fort. Zweiäuglein aber dachte: »Ich muß gleich einmal versuchen, ob es wahr ist, was sie gesagt hat, denn mich hungert sehr«, und sprach:

»Zicklein, meck,
Tischlein, deck!«

Und kaum hatte sie die Worte ausgesprochen, so stand da ein Tischlein mit einem weißen Tüchlein gedeckt, darauf ein Teller mit Messer und Gabel und silbernem Löffel, die schönsten Speisen standen rundherum und waren noch warm, als wären sie eben aus der Küche gekommen. Da sagte Zweiäuglein das kürzeste Gebet her, das es wußte: »Herr Gott, sei unser Gast zu aller Zeit, Amen!«, langte zu und ließ sich's wohl schmecken. Und als es satt war, sprach es, wie die weise Frau gelehrt hatte:

»Zicklein, meck,
Tischlein, weg!«

Alsbald war das Tischchen und alles, was darauf stand, wieder verschwunden. »Das ist ein schöner Haushalt«, dachte Zweiäuglein und war ganz vergnügt und guter Dinge.

Abends, als es mit seiner Ziege heimkam, fand es ein irdenes Schüsselchen mit Essen, das ihm die Schwestern hingestellt hatten, aber es rührte nichts an. Am andern Tag zog es mit seiner

Ziege wieder hinaus und ließ die paar Brocken, die ihm gereicht wurden, liegen. Das erstemal und das zweitemal beachteten es die Schwestern gar nicht; als es aber jedesmal geschah, merkten sie auf und sprachen: »Es ist nicht richtig mit dem Zweiäuglein, das läßt jedesmal das Essen stehen und hat doch sonst alles aufgezehrt, was ihm gereicht wurde; das muß andere Wege gefunden haben.« Damit sie aber hinter die Wahrheit kämen, sollte Einäuglein mitgehen, wenn Zweiäuglein die Ziege auf die Weide trieb, und sollte achten, was es da vorhätte und ob ihm jemand Essen und Trinken bringe.

Als nun Zweiäuglein sich wieder aufmachte, trat Einäuglein zu ihm und sprach: »Ich will mit ins Feld und sehen, daß die Ziege auch recht gehütet und ins Futter getrieben wird.« Aber Zweiäuglein merkte, was Einäuglein im Sinne hatte, und trieb die Ziege hinaus in hohes Gras und sprach: »Komm, Einäuglein, wir wollen uns hinsetzen, ich will dir was vorsingen.« Einäuglein setzte sich hin und war von dem ungewohnten Weg müde.

Und Zweiäuglein sang immer:

»Einäuglein, wachst du?
Einäuglein, schläfst du?«

Da tat Einäuglein das eine Auge zu und schlief ein. Und als Zweiäuglein sah, daß Einäuglein fest schlief und nichts verraten konnte, sprach es:

»Zicklein, meck,
Tischlein, deck!«

Es setzte sich an sein Tischlein und aß und trank, bis es satt war, dann rief es wieder:

»Zicklein, meck,
Tischlein, weg!«

Alles war augenblicklich verschwunden. Zweiäuglein weckte nun Einäuglein und sprach: »Einäuglein, du willst hüten und schläfst dabei ein, derweil hätte die Ziege sich verlaufen können; komm, wir wollen nach Haus gehen.« Da gingen sie nach Haus, und Zweiäuglein ließ wieder sein Schüsselchen unangerührt stehen, und Einäuglein konnte der Mutter nicht verraten, warum es nicht essen wollte, und sagte zu seiner Entschuldigung: »Ich war draußen eingeschlafen.«

Am andern Tag sprach die Mutter zu Dreiäuglein: »Diesmal sollst du mitgehen und achthaben, ob Zweiäuglein draußen ist und ob ihm jemand Essen und Trinken bringt, denn essen und trinken muß es heimlich.« Da trat Dreiäuglein zum Zweiäuglein und sprach: »Ich will mitgehen und sehen, ob die Ziege recht gehütet und ins Futter getrieben wird.« Aber Zweiäuglein merkte, was Dreiäuglein im Sinne hatte, und trieb die Ziege hinaus ins hohe Gras und sprach: »Wir wollen uns hinsetzen, Dreiäuglein, ich will dir was vorsingen.« Dreiäuglein setzte sich und war müde von dem Weg und der Sonnenhitze, und Zweiäuglein begann wieder das Liedlein zu singen.

Aber statt daß es nun singen müßte:

»Dreiäuglein, wachst du?
Dreiäuglein, schläfst du?«

sang es aus Unachtsamkeit:

»*Zweiäuglein*, schläfst du?«

Und immer sang es:

»Dreiäuglein, wachst du?
Zweiäuglein, schläfst du?«

Da fielen dem Dreiäuglein nur seine zwei Augen zu und schliefen, aber das dritte, weil es von dem Sprüchlein nicht angeredet war, schlief nicht ein. Zwar tat es Dreiäuglein zu, aber nur aus List, so, als schliefe es auch damit; doch blinzelte es und konnte alles gar wohl sehen. Und als Zweiäuglein meinte, Dreiäuglein schliefe fest, sagte es sein Sprüchlein:

»Zicklein, meck,
Tischlein, deck!«

Nun aß und trank es nach Herzenslust und ließ dann das Tischlein wieder verschwinden:

»Zicklein, meck,
Tischlein, weg!«

Dreiäuglein hatte alles mit angesehen. Da kam Zweiäuglein zu ihm, weckte es und sprach: »Ei, Dreiäuglein, bist du eingeschlafen? Du kannst gut hüten! Komm, wir wollen heimgehen.« Und als sie nach Haus kamen, aß Zweiäuglein wieder nicht, und Dreiäuglein sprach zur Mutter: »Ich weiß nun, warum das hochmütige Ding nicht ißt; wenn sie draußen zur Ziege spricht: ›Zicklein, meck, Tischlein, deck!‹, so steht ein Tischlein vor ihr, das ist mit dem besten Essen besetzt, viel besser, als wir's hier haben; und wenn sie satt ist, so spricht sie: ›Zicklein, meck, Tischlein, weg!‹, und alles ist wieder verschwunden. Ich habe alles genau mit angesehen. Zwei Augen hatte sie mir mit einem Sprüchlein eingeschläfert, aber das eine auf der Stirn, das war zum Glück wach geblieben.« Da rief die neidische Mutter: »Will sie's besser haben als wir? Die Freude soll ihr vergehen!« Sie holte ein Schlachtmesser und stieß es der Ziege ins Herz, daß sie tot hinfiel.

Als Zweiäuglein das sah, ging es voll Trauer hinaus, setzte sich auf den Feldrain und weinte seine bitteren Tränen. Da stand auf einmal die weise Frau wieder neben ihm und sprach: »Zweiäuglein, was weinst du?« – »Soll ich nicht weinen!« antwortete es, »die Ziege, die mir jeden Tag, wenn ich Euer Sprüchlein hersagte, den Tisch so schön deckte, ist von meiner Mutter totgestochen; nun muß ich wieder Hunger und Kummer leiden.« Die weise Frau sprach: »Zweiäuglein, ich will dir einen guten Rat erteilen, bitte deine Schwestern, daß sie dir das Eingeweide von der geschlachteten Ziege geben, und vergrab es vor der Haustür in die Erde, so wird's dein Glück sein.« Da verschwand sie, und Zweiäuglein ging heim und sprach zu den Schwestern: »Liebe Schwestern, gebt mir doch etwas von meiner Ziege, ich verlange nichts Gutes, gebt mir nur das Eingeweide!« Da lachten sie und sprachen: »Kannst du haben, wenn du weiter nichts willst.« Und Zweiäuglein nahm das Eingeweide und vergrub's abends in aller Stille nach dem Rate der weisen Frau vor der Tür.

Am andern Morgen, als sie insgesamt erwachten und vor die Haustür traten, stand da ein wunderbarer, prächtiger Baum, der hatte Blätter von Silber, und Früchte von Gold hingen dazwischen, daß wohl nichts Schöneres und Köstlicheres auf der weiten Welt war. Sie wußten aber nicht, wie der Baum in der Nacht hingekommen war; nur Zweiäuglein merkte, daß er aus dem Eingeweide der Ziege aufgewachsen war, denn er stand gerade da, wo sie es in die Erde begraben hatte. Da sprach die Mutter zu Einäuglein: »Steig hinauf, mein Kind, und brich uns die Früchte von dem Baume ab!« Einäuglein stieg hinauf, aber wie es einen von den goldenen Äpfeln greifen wollte, so fuhr ihm der Zweig aus den Händen; und das geschah jedesmal, so daß es keinen einzigen Apfel pflücken konnte, es mochte es anstellen, wie es wollte. Da sprach die Mutter: »Dreiäuglein, steig du hinauf, du kannst mit deinen drei Augen besser um dich schauen als Einäuglein.« Einäuglein rutschte herunter, und Dreiäuglein stieg hinauf. Aber Dreiäuglein war nicht geschickter und mochte versuchen, wie es wollte, die goldenen Äpfel wichen immer zurück. Endlich wurde die Mutter ungeduldig und stieg selbst hinauf, konnte aber sowenig wie Einäuglein und Dreiäuglein die Frucht fassen und griff immer in die leere Luft. Da sprach Zweiäuglein: »Ich will mich einmal hinaufmachen, vielleicht gelingt mir's eher.« Die Schwestern riefen zwar: »Du, mit deinen zwei Augen, was willst du wohl!« Aber Zweiäuglein stieg hinauf, und die goldenen Äpfel zogen sich nicht vor ihm zurück, sondern ließen sich von selbst in seine Hand herab, also daß es einen nach dem anderen abpflücken konnte und ein ganzes Schürzchen voll mit herunterbrachte. Die Mutter nahm sie ihm ab, und statt daß sie, Einäuglein und Dreiäuglein dafür das arme Zweiäuglein hätten besser behandeln sollen, so wurden sie nur neidisch, daß es allein die Früchte holen konnte, und gingen noch härter mit ihm um.

Und es stieg hinauf und brach mit leichter Mühe einen Zweig mit feinen silbernen Blättern und goldenen Früchten ab . . .

Es begab sich, als sie einmal beisammen an dem Baum standen, daß ein junger Ritter daherkam. »Geschwind, Zweiäuglein«, riefen die zwei Schwestern, »kriech unter, daß wir uns deiner nicht schämen müssen!« Sie stürzten über das arme Zweiäuglein in aller Eile ein leeres Faß, das gerade neben dem Baume stand, und schoben die goldenen Äpfel, die es gepflückt hatte, auch darunter. Als nun der Ritter näher kam, war es ein schöner Herr, der hielt still, bewunderte den prächtigen Baum von Gold und Silber und sprach zu den beiden Schwestern: »Wem gehört dieser schöne Baum? Wer mir einen Zweig davon gäbe, könnte dafür verlangen, was er wollte.« Da antworteten Einäuglein und Dreiäuglein, der Baum gehörte ihnen und sie wollten ihm einen Zweig wohl abbrechen. Sie gaben sich auch beide große Mühe, aber sie waren es nicht imstande, denn die Zweige und Früchte wichen jedesmal vor ihnen zurück. Da sprach der Ritter: »Das ist ja wunderlich, daß der Baum euch gehört und ihr doch nicht die Macht habt, etwas davon abzubrechen.« Sie blieben dabei, der Baum wäre ihr Eigentum. Indem sie aber so sprachen, rollte Zweiäuglein unter dem Fasse ein paar goldene Äpfel heraus, so daß sie zu den Füßen des Ritters kollerten, denn Zweiäuglein war bös, daß Einäuglein und Dreiäuglein nicht die Wahrheit sagten. Wie der Ritter die Äpfel sah, erstaunte er und fragte, wo sie herkämen. Einäuglein und Dreiäuglein antworteten, sie hätten noch eine Schwester, die dürfte sich aber nicht sehen lassen, weil sie nur zwei Augen hätte wie andere gemeine Menschen. Der Ritter aber verlangte sie zu sehen und rief: »Zweiäuglein, komm hervor!« Da kam Zweiäuglein ganz getrost unter dem Faß hervor, und der Ritter war verwundert über seine große Schönheit und sprach: »Du, Zweiäuglein, kannst mir gewiß einen Zweig von dem Baum abbrechen.« – »Ja«, antwortete Zweiäuglein, »das will ich wohl können, denn der Baum gehört mir.« Und es stieg hinauf und brach mit leichter Mühe einen Zweig mit feinen silbernen Blättern und goldenen Früchten ab und reichte ihn dem Ritter hin. Da sprach der Ritter: »Zweiäuglein, was soll ich dir dafür geben?« – »Ach«, antwortete Zweiäuglein, »ich leide Hunger und Durst, Kummer und Not vom frühen Morgen bis zum späten Abend; wenn Ihr mich mitnehmen und erlösen wollt, so wäre ich glücklich.« Da hob der Ritter das Zweiäuglein auf sein Pferd und brachte es heim auf sein väterliches Schloß; dort gab er ihm schöne Kleider, Essen und Trinken nach Herzenslust, und weil er es liebhatte, ließ er sich mit ihm einsegnen, und die Hochzeit wurde in großer Freude begangen.

Wie nun Zweiäuglein so von dem schönen Rittersmann fortgeführt ward, da neideten die zwei Schwestern ihm erst recht sein Glück. »Der wunderbare Baum bleibt uns doch«, dachten sie, »können wir auch keine Früchte davon pflükken, so wird doch jedermann davor stehenbleiben, zu uns kommen und ihn rühmen; wer weiß, wo unser Glück noch blüht!« Aber am andern Morgen war ihr Baum verschwunden und ihre Hoffnung dahin. Und wie Zweiäuglein zu seinem Kämmerlein hinaussah, so stand er zu seiner großen Freude davor: war ihm also nachgefolgt.

Zweiäuglein lebte lange Zeit vergnügt. Einmal kamen zwei arme Frauen zu ihm auf das Schloß und baten um ein Almosen. Da sah ihnen Zweiäuglein ins Gesicht und erkannte die Schwestern Einäuglein und Dreiäuglein, die so in Armut geraten waren, daß sie umherziehen und vor den Türen ihr Brot suchen mußten. Zweiäuglein aber hieß sie willkommen und tat ihnen Gutes und pflegte sie, so daß die beiden von Herzen bereuten, was sie ihrer Schwester in der Jugend Böses angetan hatten.

Rapunzel

Es waren einmal ein Mann und eine Frau, die wünschten sich schon lange vergeblich ein Kind. Endlich machte sich die Frau Hoffnung, der liebe Gott werde ihren Wunsch erfüllen.

Die Leute hatten in ihrem Hinterhaus ein kleines Fenster, daraus konnte man in einen prächtigen Garten sehen, der voll der schönsten Blumen und Kräuter stand. Er war aber von einer hohen Mauer umgeben, und niemand wagte hineinzugehen, weil er einer Zauberin gehörte, die große Macht hatte und von aller Welt gefürchtet wurde.

Eines Tages stand die Frau an diesem Fenster und sah in den Garten hinab. Da erblickte sie ein Beet, das mit den schönsten Rapunzeln bepflanzt war, und sie sahen so frisch und grün aus, daß sie das größte Vergnügen empfand, von den Rapunzeln zu essen. Das Verlangen nahm jeden Tag zu, und da sie wußte, daß sie keine davon bekommen konnte, wurde sie krank und sah bald blaß und elend aus. Da erschrak ihr Mann und fragte: »Was fehlt dir, liebe Frau?« »Ach«, antwortete sie, »wenn ich keine Rapunzeln aus dem Garten hinter unserm Haus zu essen kriege, so sterbe ich.« Der Mann, der sie liebhatte, dachte: »Eh' du deine Frau sterben läßt, holst du ihr von den Rapunzeln, es mag kosten, was es will.«

In der Abenddämmerung stieg er also über die Mauer in den Garten der Zauberin, stach in aller Eile eine Handvoll Rapunzeln und brachte sie seiner Frau. Sie machte sich sogleich Salat daraus und aß ihn voll Begierde auf. Er hatte ihr aber so gut geschmeckt, daß sie am nächsten Tag noch dreimal soviel Verlangen hatte. Sollte sie Ruhe haben, so mußte der Mann noch einmal in den Garten steigen. Er machte sich also in der Abenddämmerung wieder hinab. Als er aber die Mauer hinabgeklettert war, erschrak er gewaltig, denn er sah die Zauberin vor sich stehen. »Wie kannst du es wagen«, sprach sie mit zornigem Blick, »in meinen Garten zu steigen und wie ein Dieb mir meine Rapunzeln zu stehlen? Das soll dir schlecht bekommen!« – »Ach«, antwortete er, »laßt Gnade für Recht ergehen, ich habe mich nur aus Not dazu entschlossen: Meine Frau hat Eure Rapunzeln aus dem Fenster erblickt und empfindet ein so großes Verlangen, daß sie sterben würde, wenn sie nicht davon zu essen bekäme.« Da ließ die Zauberin in ihrem Zorne nach und sprach zu ihm: »Verhält es sich so, wie du sagst, so will ich dir gestatten, Rapunzeln mitzunemen, soviel du willst. Allein ich mache eine Bedingung: Du mußt mir das Kind geben, das deine Frau zur Welt bringen wird. Es soll ihm gutgehen, und ich will für es sorgen wie eine Mutter.« Der Mann sagte in seiner Angst alles zu, und als die Frau ein Mädchen gebar, erschien sogleich die Zauberin, gab ihm den Namen Rapunzel und nahm es mit sich fort.

Rapunzel wurde das schönste Kind unter der Sonne. Als es zwölf Jahre alt war, schloß es die Zauberin in einen Turm ein, der in einem Walde lag und weder Treppe noch Tür hatte; nur ganz oben war ein kleines Fensterchen. Wenn die Zauberin hineinwollte, stellte sie sich unten hin und rief:

»Rapunzel, Rapunzel,
laß mir dein Haar herunter!«

Rapunzel hatte lange, prächtige Haare, fein wie gesponnenes Gold. Wenn sie nun die Stimme der Zauberin vernahm, so band sie ihre Zöpfe los, wickelte sie oben um einen Fensterhaken, und dann fielen die Haare zwanzig Ellen tief herunter, und die Zauberin stieg daran hinauf. Nach ein paar Jahren trug es sich zu, daß der Sohn des Königs durch den Wald ritt und an dem Turm vorüberkam. Da hörte er einen Gesang, der war so lieblich, daß er stillhielt und horchte. Das war Rapunzel, die sich in ihrer Einsamkeit die Zeit damit vertrieb, ihre süße Stimme erschallen zu lassen. Der Königssohn wollte zu ihr hinaufsteigen und suchte nach einer Tür, aber es war keine zu finden. Er ritt heim. Doch der Gesang hatte ihm so sehr das Herz gerührt, daß er jeden Tag in den Wald ging und zuhörte. Als er einmal so hinter einem Baum stand, sah er, daß eine Zauberin herankam, und hörte, wie sie hinaufrief:

»Rapunzel, Rapunzel,
laß mir dein Haar herunter!«

Da ließ Rapunzel die Haarflechten herab, und die Zauberin stieg hinauf.
»Ist das die Leiter, auf welcher man hinaufkommt, so will ich auch einmal mein Glück versuchen«, dachte der Königssohn. Und am folgenden Tag, als es anfing dunkel zu werden, ging er zu dem Turm und rief:

»Rapunzel, Rapunzel,
laß mir dein Haar herunter!«

Alsbald fielen die Haare herab, und der Königssohn stieg hinauf.
Anfangs erschrak Rapunzel gewaltig, als ein Mann zu ihr hereinkam, wie ihre Augen noch nie einen erblickt hatten. Doch der Königssohn fing an, ganz freundlich mit ihr zu reden, und erzählte ihr, daß von ihrem Gesang sein Herz so sehr bewegt worden sei, daß es ihm keine Ruhe gelassen und er sie habe sehen müssen. Da verlor Rapunzel ihre Angst, und als er sie fragte, ob sie ihn zum Manne nehmen wollte, und sie sah, daß er jung und schön war, so dachte sie: »Der wird mich lieber haben als die alte Frau«, und sagte ja und legte ihre Hand in seine Hand. Dann sprach sie: »Ich will gerne mit dir gehen, aber ich weiß nicht, wie ich hinabkommen kann. Wenn du kommst, so bring jedesmal einen Strang Seide mit, daraus will ich eine Leiter flechten, und wenn sie fertig ist, so steige ich hinunter, und du nimmst mich auf dein Pferd.«
Sie verabredeten, daß er bis dahin jeden Abend zu ihr kommen sollte, denn bei Tag kam die Alte.
Die Zauberin merkte auch nichts davon, bis einmal Rapunzel zu ihr sagte: »Sagt mir doch, Frau Muhme, wie kommt denn das nur? Euch heraufzuziehen wird mir viel schwerer als den jungen Königssohn, der ist in einem Augenblick bei mir.«
»Ach, du gottloses Kind!« rief die Zauberin. »Was muß ich von dir hören! Ich dachte, ich hätte dich von aller Welt geschieden, und du hast mich doch betrogen!« In ihrem Zorn packte sie die schönen Haare des Mädchens, schlug sie ein paarmal um ihre linke Hand, griff eine Schere mit der rechten, und ritsch, ratsch waren sie abgeschnitten, und die schönen Flechten lagen auf der Erde. Und sie war so unbarmherzig, daß sie die arme Rapunzel in eine Wildnis brachte, wo sie in großem Jammer und Elend leben mußte.
Am selben Abend aber machte die Zauberin die abgeschnittenen Flechten oben am Fensterhaken fest, und der Königssohn kam und rief:

»Rapunzel, Rapunzel,
laß mir dein Haar herunter!«

Da ließ sie die Haare hinab. Der Königssohn stieg hinauf, aber er fand oben nicht seine liebste Rapunzel, sondern die Zauberin, die ihn mit bösen und giftigen Blicken ansah. »Aha«, rief sie höhnisch, »du willst deine Liebste holen, aber der schöne Vogel sitzt nicht mehr im Nest und singt nicht mehr, die Katze hat ihn geholt und wird dir auch noch die Augen auskratzen. Für dich ist Rapunzel verloren, du wirst sie nie wieder erblicken!«
Der Königssohn geriet außer sich vor Schmerzen, und in der Verzweiflung sprang er vom Turm hinunter. Mit dem Leben kam er davon, aber die Dornen, in die er fiel, zerstachen ihm die Augen. Da irrte er blind im Wald umher, aß nichts als Wurzeln und Beeren und tat nichts als jammern und weinen über den Verlust seiner liebsten Rapunzel.
So wanderte er einige Jahre im Elend umher

Und am folgenden Tag, als es anfing dunkel zu werden, ging er zu dem Turm und rief: »Rapunzel, Rapunzel, laß mir dein Haar herunter!«

und geriet endlich in die Wildnis, wo Rapunzel kümmerlich lebte. Der Königssohn vernahm eine Stimme, und sie erschien ihm so bekannt. Da ging er darauf zu, und wie er herankam, erkannte ihn Rapunzel und fiel ihm um den Hals und weinte. Zwei von ihren Tränen aber benetzten seine Augen, da wurden sie klar, und er konnte wieder sehen. Er führte Rapunzel in sein Reich, wo er mit Freude empfangen wurde, und sie lebten noch lange glücklich und vergnügt.

Die goldene Gans

Es war einmal ein Mann, der hatte drei Söhne. Davon hieß der jüngste der Dummling. Er wurde immer nur verachtet und verspottet und bei jeder Gelegenheit zurückgesetzt. Eines Tages geschah es, daß der älteste in den Wald gehen wollte, um Holz zu hauen, und ehe er ging, gab ihm seine Mutter einen schönen, feinen Eierkuchen und eine Flasche Wein mit, damit er nicht Hunger und Durst litte. Als er in den Wald kam, begegnete ihm ein altes, graues Männlein, das bot ihm einen guten Tag und sprach: »Gib mir doch ein Stück Kuchen aus deiner Tasche und laß mich einen Schluck von deinem Wein trinken, ich bin so hungrig und durstig.«

Der kluge Sohn aber antwortete: »Geb' ich dir meinen Kuchen und meinen Wein, so hab' ich selber nichts. Pack dich deiner Wege«, ließ daß Männlein stehen und ging fort. Als er nun anfing, einen Baum zu behauen, dauerte es nicht lange, bis er sich verschlug. Die Axt fuhr ihm in den Arm, so daß er heimgehen und sich verbinden lassen mußte. Das aber war durch das graue Männchen geschehen.

Darauf ging der zweite Sohn in den Wald, und die Mutter gab auch ihm, wie dem ältesten, einen Eierkuchen und eine Flasche Wein. Ihm begegnete gleichfalls das alte, graue Männchen und hielt ihn um ein Stück Kuchen und einen Schluck Wein an. Aber der zweite Sohn sprach genau wie sein Bruder: »Was ich dir gebe, das geht mir selber ab. Pack dich deiner Wege«, ließ das Männlein stehen und ging fort. Die Strafe blieb nicht aus. Als er ein paar Hiebe am Baum getan hatte, schlug er sich ins Bein, und er mußte nach Hause getragen werden.

Da sagte der Dummling: »Vater, laß mich einmal hinausgehen und Holz hauen.« Der Vater antwortete: »Deine Brüder haben sich Schaden dabei getan. Laß es lieber, du verstehst nichts davon.«

Der Dummling aber bat so lange, bis der Vater endlich sagte: »Geh nur hin. Durch Schaden wirst du klug werden.« Die Mutter gab ihm einen Kuchen, der war mit Wasser in der Asche gebacken, und dazu eine Flasche saures Bier. Als der Dummling in den Wald kam, begegnete ihm gleichfalls das alte, graue Männchen, grüßte ihn und sprach: »Gib mir ein Stück von deinem Kuchen und einen Trunk aus deiner Flasche, ich bin so hungrig und durstig.« Antwortete der Dummling: »Ich habe aber nur Aschenkuchen und saures Bier. Wenn dir das recht ist, so wollen wir uns setzen und essen.« Da setzten sie sich, und als der Dummling seinen Aschenkuchen herausholte, da war's ein feiner Eierkuchen, und das saure Bier war ein guter Wein. Nun aßen und tranken sie, und danach sprach das Männlein: »Weil du ein gutes Herz hast und von dem Deinigen gerne mitteilst, so will ich dir

Glück bescheren. Dort steht ein alter Baum, den hau ab, so wirst du in den Wurzeln etwas finden.« Darauf nahm das Männlein Abschied.
Der Dummling ging hin und hieb den Baum um, und wie er fiel, saß in den Wurzeln eine Gans, die hatte Federn von reinem Gold. Er hob sie heraus, nahm sie mit sich und ging in ein Wirtshaus, wo er übernachten wollte. Der Wirt hatte drei Töchter, die sahen die Gans und waren neugierig, was das für ein wunderlicher Vogel wäre, und sie hätten gern eine von seinen goldenen Federn gehabt. Die älteste dachte: »Es wird sich schon eine Gelegenheit finden, wo ich für mich eine Feder ausziehen kann«, und als der Dummling einmal hinausgegangen war, faßte sie die Gans beim Flügel. Aber Finger und Hand blieben ihr daran festhängen. Bald danach kam die zweite und hatte auch keinen andern Gedanken, als sich eine goldene Feder zu holen; kaum aber hatte sie ihre Schwester angerührt, so blieb sie ebenso festhängen. Endlich kam auch die dritte Schwester in der gleichen Absicht. Da schrien die beiden anderen: »Bleib weg, um Himmels willen, bleib weg!« Aber sie begriff nicht, warum sie wegbleiben sollte und dachte: »Wenn die dabei sind, so kann ich auch dabeisein«, und sprang hinzu. Wie sie aber ihre Schwester angerührt hatte, so blieb auch sie an ihr hängen. So mußten sie die Nacht bei der Gans verbringen.
Am andern Morgen nahm der Dummling die Gans in den Arm, ging fort und kümmerte sich nicht weiter um die drei Mädchen, die daran hingen. Sie mußten immer hinter ihm herlaufen, links und rechts, wie's ihm in die Beine kam. Mitten auf dem Feld begegnete ihnen der Pfarrer, und als er den Aufzug sah, sprach er: »Schämt euch, ihr garstigen Mädchen, was lauft ihr dem jungen Bursch durchs Feld nach. Schickt sich das?« Damit faßte er die jüngste an der Hand und wollte sie zurückziehen. Wie er sie aber anrührte, blieb er gleichfalls hängen und mußte selber hinterdreinlaufen. Nicht lange, so kam der Küster daher und sah den Herrn Pfarrer, der drei Mädchen auf dem Fuße folgte. Da verwunderte er sich und rief: »Ei, Herr Pfarrer, wohin so geschwind? Vergeßt nicht, daß wir heute noch eine Kindtaufe haben«, lief auf ihn zu und faßte ihn am Ärmel, blieb aber auch hängen. Wie die fünf so hintereinander herliefen, kamen zwei Bauern mit ihren Hacken vom Feld; da rief der Pfarrer ihnen zu und bat, sie möchten ihn und den Küster losmachen. Kaum aber hatten sie den Küster angerührt, so blieben auch sie hängen und waren nun sieben, die dem Dummling mit der Gans nachliefen.
Sie kamen daraufhin in eine Stadt, da herrschte ein König, der hatte eine Tochter. Sie war so ernsthaft, daß sie niemand zum Lachen bringen konnte. Darum hatte der König ein Gesetz erlassen, daß, wer sie zum Lachen bringen könnte, sie heiraten soll. Als der Dummling das hörte, ging er mit seiner Gans und ihrem Anhang vor die Königstochter, und als diese die sieben Menschen immer hintereinander herlaufen sah, fing sie überlaut an zu lachen und wollte gar nicht wieder aufhören. Da verlangte der Dummling sie zur Braut. Dem König aber gefiel der Schwiegersohn nicht, er machte allerlei Einwendungen und sagte, er müßte ihm erst einen Mann bringen, der einen Keller von Wein austrinken könnte. Der Dummling dachte an das graue Männchen, das ihm wohl helfen könnte, ging hinaus in den Wald, und auf der Stelle, wo er den Baum abgehauen hatte, sah er einen Mann sitzen, der machte ein ganz betrübtes Gesicht. Der Dummling fragte, was er sich so sehr zu Herzen nähme. Da antwortete er: »Ich habe so großen Durst und kann ihn nicht löschen, das kalte Wasser vertrage ich nicht, ein Faß Wein habe ich zwar ausgeleert, aber was ist ein Tropfen auf einem heißen Stein?« – »Da kann ich dir helfen«, sagte der Dummling, »komm nur mit mir, du sollst genug zu trinken bekommen.« Er führte ihn darauf in des Königs Keller, und der Mann machte sich über die großen Fässer her, trank und trank, daß ihm die Hüften weh taten, und ehe ein Tag herum war, hatte er den ganzen Keller ausgetrunken. Der Dummling verlangte abermals seine Braut. Der König

Kaum aber hatten sie den Küster angerührt, so blieben sie hängen, und es waren ihrer nun sieben, die dem Dummling mit der Gans nachliefen.

aber ärgerte sich, daß ein Bursch, den jedermann einen Dummling nannte, seine Tochter davontragen sollte, und machte neue Bedingungen: Er müßte erst einen Mann herbeischaffen, der einen Berg voll Brot aufessen könnte. Der Dummling besann sich nicht lange, sondern ging gleich hinaus in den Wald. Da saß auf demselben Platz ein Mann, der schnürte sich den Leib mit einem Riemen zusammen, machte ein grämliches Gesicht und sagte: »Ich habe einen ganzen Backofen voll Raspelbrot gegessen, aber was hilft das, wenn man so großen Hunger hat wie ich; mein Magen bleibt leer, und ich muß mich zuschnüren, wenn ich nicht Hungers sterben soll.« Der Dummling war froh darüber und sprach: »Mach dich auf und geh mit mir, du sollst dich satt essen.« Er führte ihn an den Hof des Königs, der hatte alles Mehl aus dem ganzen Reich zusammenfahren und einen ungeheuern Berg davon backen lassen; der Mann aber aus dem Walde stellte sich davor, fing an zu essen, und in einem Tag war der ganze Berg verschwunden. Der Dummling forderte zum drittenmal seine Braut, der König aber suchte noch eine Ausflucht und verlangte ein Schiff, das zu Land und zu Wasser fahren könnte: »Sowie du aber damit angesegelt kommst«, sagte er, »so sollst du gleich meine Tochter zur Gemahlin haben.« Der Dummling ging geradewegs in den Wald, da saß das alte, graue Männchen, dem er seinen Kuchen gegeben hatte, und sagte: »Ich habe für dich getrunken und gegessen, ich will dir auch das Schiff geben; das alles tu' ich, weil du barmherzig gegen mich gewesen bist.« Da gab er ihm das Schiff, und als der König das sah, konnte er ihm seine Tochter nicht länger vorenthalten. Die Hochzeit wurde gefeiert, nach des Königs Tod erbte der Dummling das Reich und lebte lange Zeit vergnügt mit seiner Gemahlin.

Das tapfere Schneiderlein

An einem Sommermorgen saß ein Schneiderlein auf seinem Tisch am Fenster, war guter Dinge und nähte aus Leibeskräften. Da kam eine Bauersfrau die Straße herab und rief: »Gut Mus feil! Gut Mus feil!« Das klang dem Schneiderlein lieblich in die Ohren, es steckte sein Haupt zum Fenster hinaus und rief. »Hier herauf, liebe Frau, hier werdet Ihr Eure Ware los!« Die Frau stieg die Treppe mit ihrem schweren Korbe zu dem Schneider herauf. Es besah sie alle, hob sie in die Höhe, hielt die Nase daran und sagte endlich: »Das Mus scheint mir gut, wieget mit doch vier Lot ab, liebe Frau, wenn's auch ein Viertelpfund ist, kommt es mir nicht darauf an.« Die Frau, die gehofft hatte, einen guten Absatz zu finden, gab ihm, was es verlangte, ging aber ganz ärgerlich und brummig fort. »Nun, das Mus soll mir Gott segnen«, rief das Schneiderlein, »und soll mir Kraft und Stärke geben!«, holte das Brot aus dem Schrank, schnitt sich ein Stück über den ganzen Laib und strich das Mus darüber. »Das wird nicht bitter schmecken«, sprach es, »aber erst will ich den Wams fertigmachen, eh' ich anbeiße.« Es legte das Brot neben sich, nähte weiter und machte vor Freude immer größere Stiche. Indes stieg der Geruch von dem süßen Mus hinauf an die Wand, wo die Fliegen in großer Menge saßen, so daß sie herangelockt wurden und sich scharenweise darauf niederließen. »Ei, wer hat euch eingeladen?« sprach das Schneiderlein und jagte die ungebetenen Gäste fort. Die Fliegen aber, die kein Deutsch verstanden, ließen sich nicht abweisen, sondern kamen in immer größerer Gesellschaft wieder. Da lief dem Schneiderlein endlich, wie man sagt, die Laus über die Leber, es langte in seiner Not nach einem Tuchlappen und mit einem »Wart, ich will es euch geben!« schlug es unbarmherzig darauf. Als es das Tuch aufhob und zählte, so lagen nicht weniger als sieben tot vor ihm und streckten die Beine. »Bist du so ein Kerl?« sprach das Schneiderlein und mußte selbst seine Tapferkeit bewundern, »das soll die ganze Stadt erfahren!« Und in der Hast schnitt sich das Schneiderlein einen Gürtel, nähte ihn und stickte mit großen Buchstaben darauf: Sieben auf einen Streich! »Ei was, Stadt!« sprach es munter weiter, »die ganze Welt soll es erfahren!« Und sein Herz wackelte ihm vor Freude wie ein Lämmerschwänzchen.

Der Schneider band sich den Gürtel um den Leib und wollte in die Welt hinaus, weil er meinte, die Werkstätte sei zu klein für seine Tapferkeit. Ehe er abzog, suchte er im Haus herum, ob nichts da sei, was er mitnehmen könnte; er fand nichts als einen alten Käse, den steckte er ein. Vor dem Tore bemerkte er einen Vogel, der sich im Gesträuch gefangen hatte, der mußte zu dem Käse in die Tasche. Nun nahm er den Weg tapfer zwischen die Beine.

Der Weg führte ihn auf einen Berg, und als er den höchsten Gipfel erreicht hatte, saß da ein gewaltiger Riese und schaute sich gemächlich um. Das Schneiderlein ging beherzt auf ihn zu, redete ihn an und sprach: »Guten Tag, Kamerad! Gelt, du sitzest da und besiehst dir die weite Welt? Ich bin eben auf dem Wege und will sie erkunden. Hast du Lust mitzugehen?« Der Riese sah den Schneider verächtlich an und sprach: »Du Lump! Du miserabler Kerl!« – »Das wäre!« antwortete das Schneiderlein, knöpfte den Rock auf und zeigte dem Riesen den Gürtel, »da kannst du lesen, was ich für ein Mann bin.« Der Riese las: »Sieben auf einen Streich«, meinte, das seien Menschen gewesen, die der Schneider erschlagen hätte, und bekam ein wenig Respekt vor dem kleinen Kerl. Doch wollte er ihn erst prüfen, nahm einen Stein in die Hand und drückte ihn zusammen, daß das Wasser heraustropfte. »Das mach mir nach«, sprach der Riese, »wenn du stark bist.« – »Ist's weiter nichts«, sagte das Schneiderlein, »das ist bei unsereinem Spielerei«, griff in die Tasche, holte den weichen Käse und drückte ihn, daß der Saft herauslief. »Gelt«, sprach es, »das war ein wenig besser?« Der Riese wußte nicht, was er sagen sollte, und konnte es von dem Männlein nicht glauben. Da hob der Riese einen Stein auf und warf ihn so hoch, daß man ihn mit Augen kaum sehen konnte. »Nun, du Erpelmännchen, das tu mir nach!« – »Gut geworfen«, sagte der Schneider, »aber der Stein hat doch wieder zur Erde herabfallen müssen.«

Er griff in die Tasche, nahm den Vogel und warf ihn in die Luft. Der Vogel, froh über seine Freiheit, stieg auf, flog fort und kam nicht wieder. »Wie gefällt dir das Stückchen, Kamerad?« fragte der Schneider.

»Werfen kannst du wohl«, sagte der Riese, »aber nun wollen wir sehen, ob du imstande bist, etwas Ordentliches zu tragen.« Er führte das Schneiderlein zu einem mächtigen Eichbaum, der da gefällt auf dem Boden lag, und sagte: »Wenn du stark genug bist, so hilf mir den Baum aus dem Wald heraustragen.« – »Gerne«, antwortete der kleine Mann, »nimm du nur den Stamm auf deine Schulter, ich will die Äste mit dem Gezweig aufheben und tragen, das ist doch das Schwerste.« Der Riese nahm den Stamm auf die Schulter, der Schneider aber setzte sich auf einen Ast, und der Riese, der sich nicht umsehen konnte, mußte den ganzen Baum und das Schneiderlein noch obendrein forttragen. Es war da hinten ganz lustig und guter Dinge, pfiff das Liedchen: »Es ritten drei Schneider zum Tor hinaus«, als wäre das Baumtragen ein Kinderspiel. Der Riese, nachdem er ein Stück Weges die schwere Last fortgeschleppt hatte, konnte nicht weiter und rief: »Höre, ich muß den Baum fallen lassen!« Der Schneider sprang behende hinab, faßte den Baum mit beiden Armen, als wenn er ihn getragen hätte, und sprach zum

Riesen: »Du bist ein so großer Kerl und kannst den Baum nicht einmal tragen!«
Sie gingen zusammen weiter, und als sie an einem Kirschbaum vorbeikamen, faßte der Riese die Krone des Baumes, wo die besten Früchte hingen, bog sie herab, gab sie dem Schneider in die Hand und hieß ihn essen. Das Schneiderlein aber war viel zu schwach, um den Baum zu halten, und als der Riese losließ, fuhr der Baum in die Höhe, und der Schneider wurde mit in die Luft geschnellt. Als er wieder ohne Schaden herabgefallen war, sprach der Riese: »Was ist das, hast du nicht Kraft, die schwache Gerte zu halten?« – »An der Kraft fehlt es nicht«, antwortete das Schneiderlein, »meinst du, das wäre etwas für einen, der sieben mit einem Streich getroffen hat? Ich bin über den Baum gesprungen, weil die Jäger da unten in das Gebüsch schießen. Spring nach, wenn du's vermagst.« Der Riese machte den Versuch, konnte aber nicht über den Baum kommen, sondern blieb in den Ästen hängen, so daß das Schneiderlein auch hier die Oberhand behielt. Der Riese sprach: »Wenn du ein so tapferer Kerl bist, so komm in unsere Höhle und übernachte bei uns.« Das Schneiderlein war bereit und folgte ihm. Als sie in der Höhle anlangten, saßen da noch andere Riesen beim Feuer, und jeder hatte ein gebratenes Schaf in der Hand und aß davon. Das Schneiderlein sah sich um und dachte: »Es ist doch hier viel weitläufiger als in meiner Werkstatt.« Der Riese wies ihm ein Bett an und sagte, er solle sich hinlegen und ausschlafen. Dem Schneiderlein war aber das Bett zu groß, es legte sich nicht hinein, sondern kroch in eine Ecke. Als es Mitternacht war und der Riese meinte, das Schneiderlein läge im tiefen Schlaf, da nahm er eine große Eisenstange und schlug das Bett mit einem Schlag entzwei und meinte, er hätte dem Grashüpfer den Garaus gemacht. Am frühesten Morgen gingen die Riesen in den Wald und hatten das Schneiderlein ganz vergessen, da kam es auf einmal ganz lustig und verwegen dahergeschritten. Die Riesen erschraken und liefen eilig fort.
Das Schneiderlein zog weiter, immer seiner spitzen Nase nach. Nachdem es lange gewandert war, kam es in den Hof eines königlichen Palastes, und da es müde war, so legte es sich ins Gras und schlief ein. Während es da lag, kamen die Leute, betrachteten es von allen Seiten, lasen auf dem Gürtel: »Sieben auf einen Streich!« und sprachen: »Was will der große Kriegsheld hier mitten im Frieden? Das muß ein mächtiger Herr sein.« Sie gingen und meldeten es dem König und meinten, wenn Krieg ausbrechen sollte, wäre das ein wichtiger und nützlicher Mann, den man um keinen Preis fortlassen dürfte. Dem König gefiel der Rat, und er schickte einen von seinen Hofleuten an das Schneiderlein ab, der sollte ihm, wenn es aufwachte, Kriegsdienste anbieten. Der Abgesandte blieb bei dem Schläfer stehen, wartete, bis er seine Glieder streckte und die Augen aufschlug, und brachte dann seinen Antrag vor. »Eben deshalb bin ich hierhergekommen«, antwortete das Schneiderlein, »ich bin bereit, in des Königs Dienste zu treten.« Also ward er ehrenvoll empfangen und ihm eine besondere Wohnung angewiesen.
Die Soldaten aber waren dem Schneiderlein nicht gut gesonnen und wünschten, es wäre tausend Meilen weit weg. »Was soll daraus werden?« sprachen sie untereinander, »wenn wir Zank mit ihm kriegen und er haut zu, so fallen auf jeden Streich sieben. Da kann unsereiner nicht bestehen.« Also faßten sie einen Entschluß, begaben sich allesamt zum König und baten um ihren Abschied. »Wir sind nicht gemacht«, sprachen sie, »neben einem Mann auszuhalten, der sieben auf einen Streich schlägt.« Der König war traurig, daß er nun um des einen willen alle seine treuen Soldaten verlieren sollte, wünschte, daß seine Augen ihn nie gesehen hätten, und wäre ihn gerne wieder losgewesen. Aber er getraute sich nicht, ihm den Abschied zu geben, weil er fürchtete, er könnte ihn samt seinem Volk totschlagen und sich auf den königlichen Thron setzen. Er sann lange hin und her, endlich fand er einen Rat. Er schickte zu dem Schneiderlein und ließ ihm sagen, weil es so ein

großer Kriegsheld sei, so wolle er ihm ein Anerbieten machen. In einem Walde seines Landes hausten zwei Riesen, die mit Rauben, Morden, Sengen und Brennen großen Schaden anrichteten. Niemand dürfte sich ihnen nahen, ohne sich in Lebensgefahr zu bringen. Wenn das Schneiderlein diese beiden Riesen überwände und tötete, so wollte er ihm seine einzige Tochter zur Gemahlin geben und das halbe Königreich dazu; auch sollten hundert Reiter mitziehen und ihm Beistand leisten. »Das wäre so etwas für einen Mann, wie du bist«, dachte das Schneiderlein, »eine schöne Königstochter und ein halbes Königreich wird einem nicht alle Tage angeboten.« Und so gab es zur Antwort: »Die Riesen will ich schon bändigen und habe die hundert Reiter nicht nötig. Wer sieben auf einen Streich trifft, der braucht sich vor zweien nicht zu fürchten.«

Das Schneiderlein zog aus, und die hundert Reiter folgten ihm. Als es zu dem Rand des Waldes kam, sprach es zu seinen Begleitern: »Bleibt nur hier, ich will schon allein mit den Riesen fertig werden.« Dann sprang es in den Wald hinein und schaute sich rechts und links um. Über ein Weilchen erblickte es die beiden Riesen. Sie lagen unter einem Baum und schliefen und schnarchten dabei, daß sich die Äste auf und nieder bogen. Das Schneiderlein, nicht faul, las beide Taschen voll Steine und stieg damit auf den Baum.

Als es in der Mitte war, rutschte es auf einen Ast, bis es gerade über den Schläfern zu sitzen kam, und ließ dem einen Riesen einen Stein nach dem andern auf die Brust fallen. Der Riese spürte lange nichts, doch endlich wachte er auf, stieß seinen Gesellen an und sprach: »Was schlägst du mich?« – »Du träumst«, sagte der andere, »ich schlage dich nicht.« Sie legten sich wieder zum Schlaf, da warf der Schneider auf den zweiten einen Stein herab. »Was soll das?« rief der andere, »warum wirfst du mich?« – »Ich werfe dich nicht«, antwortete der erste und brummte. Sie zankten sich eine Weile herum, doch weil sie müde waren, ließen sie es gut sein, und die Augen fielen ihnen wieder zu. Das Schneiderlein fing sein Spiel von neuem an, suchte den dicksten Stein aus und warf ihn dem ersten Riesen mit aller Gewalt auf die Brust. »Das ist zu arg!« schrie er, sprang wie ein Unsinniger auf und stieß seinen Gesellen gegen den Baum, daß dieser zitterte. Der andere zahlte mit gleicher Münze, und sie gerieten in solche Wut, daß sie Bäume ausrissen, aufeinander losschlugen, so lang, bis endlich beide zugleich tot auf die Erde fielen. Nun sprang das Schneiderlein herab. »Ein Glück nur«, sprach es, »daß sie den Baum, auf dem ich saß, nicht ausgerissen haben, sonst hätte ich wie ein Eichhörnchen auf einen andern springen müssen.« Es zog sein Schwert und versetzte jedem ein paar tüchtige Hiebe in die Brust, dann ging es hinaus zu den Reitern und sprach: »Die Arbeit ist getan, ich habe beiden den Garaus gemacht. Aber hart ist es hergegangen, doch das hilft alles nichts, wenn einer kommt wie ich, der sieben auf einen Streich schlägt.« – »Seid Ihr denn nicht verwundet?« fragten die Reiter. – »Das seht ihr doch«, antwortete der Schneider, »kein Haar haben sie mir gekrümmt.« Die Reiter wollten ihm keinen Glauben beimessen und ritten in den Wald hinein. Da fanden sie die Riesen in ihrem Blute schwimmend, und ringsherum lagen die ausgerissenen Bäume.

Das Schneiderlein verlangte von dem König die versprochene Belohnung, den aber reute sein Versprechen, und er sann aufs neue, wie er sich den Helden vom Halse schaffen könnte. »Ehe du meine Tochter und das halbe Reich erhältst«, sprach er zu ihm, »mußt du noch eine Heldentat vollbringen. In dem Wald läuft ein Einhorn, das großen Schaden anrichtet, das mußt du erst einfangen.« – »Vor einem Einhorne fürchte ich mich noch weniger als vor zwei Riesen; ›sieben auf einen Streich‹, das ist meine Sache!« Es nahm sich einen Strick und eine Axt mit, ging hinaus in den Wald und hieß die Jäger, die ihm zugeordnet waren, außen warten. Es brauchte nicht lange zu suchen, das Einhorn kam bald daher und sprang geradezu auf den Schneider

Der Riese sah den Schneider verächtlich an und sprach:
»Du Lump! Du miserabler Kerl!«

los, als wollte es ihn ohne Umstände aufspießen. »Sachte! Sachte!« sprach er, »so geschwind geht das nicht«, blieb stehen und wartete, bis das Tier ganz nahe war, dann sprang er behendiglich hinter den Baum. Das Einhorn rannte mit aller Kraft gegen den Baum und spießte sein Horn so fest in den Stamm, daß es nicht Kraft genug hatte, es wieder herauszuziehen, und so war es gefangen. »Jetzt hab' ich das Vöglein«, sagte der Schneider, kam hinter dem Baum hervor, legte dem Einhorn den Strick um den Hals und hieb mit der Axt das Horn aus dem Baum. Als alles in Ordnung war, führte er das Tier ab und brachte es dem König.

Der König wollte ihm den verheißenen Lohn noch immer nicht gewähren und machte eine dritte Forderung. Der Schneider sollte ihm vor der Hochzeit erst ein Wildschwein fangen, das in dem Wald großen Schaden tat; die Jäger sollten ihm Beistand leisten. »Gerne«, sprach der Schneider, »das ist ein Kinderspiel!« Die Jäger nahm er nicht mit in den Wald, und sie waren's wohl zufrieden, denn das Wildschwein hatte sie schon mehrmals so empfangen, daß sie keine Lust hatten, ihm nachzustellen. Als das Schwein den Schneider erblickte, lief es mit schäumendem Munde und wetzenden Zähnen auf ihn zu und wollte ihn zur Erde werfen; der kleine Held aber sprang in eine Kapelle, die in der Nähe war, und gleich oben zum Fenster in einem Satze wieder hinaus. Das Schwein war hinter ihm hergelaufen, er aber hüpfte außen herum und schlug die Tür hinter ihm zu; da war das wütende Tier gefangen, das viel zu schwer und unbeholfen war, um zu dem Fenster hinauszuspringen. Das Schneiderlein rief die Jäger herbei, die mußten den Gefangenen mit eigenen Augen sehen. Der Held aber begab sich zum König, der nun, er mochte wollen oder nicht, sein Versprechen halten mußte und ihm seine Tochter und das halbe Königreich übergab. Hätte er gewußt, daß kein Kriegsheld, sondern ein Schneiderlein vor ihm stand, es wäre ihm noch mehr zu Herzen gegangen. Die Hochzeit ward also mit großer Pracht und kleiner Freude gehalten und aus einem Schneider ein König gemacht.

Nach einiger Zeit hörte die junge Königin in der Nacht, wie ihr Gemahl im Traume sprach: »Junge, mach mir den Wams und flick mir die Hose, oder ich will dir die Elle über die Ohren schlagen!« Da merkte sie, in welcher Gasse der junge Herr geboren war, klagte am andern Morgen ihrem Vater ihr Leid und bat, er möchte sie von dem Manne befreien, der nichts anders als ein Schneider wäre. Der König sprach ihr Trost zu und sagte: »Laß in der nächsten Nacht deine Schlafkammer offen, meine Diener sollen außen stehen und, wenn er eingeschlafen ist, hineingehen, ihn binden und auf ein Schiff tragen, das ihn in die weite Welt führt.« Die Frau war damit zufrieden, des Königs Waffenträger aber, der es mit angehört hatte, war dem jungen Herrn gewogen und hinterbrachte ihm den ganzen Anschlag. »Dem Ding will ich einen Riegel vorschieben«, sagte das Schneiderlein. Abends legte es sich zu gewöhnlicher Zeit mit seiner Frau zu Bett. Als sie glaubte, er sei eingeschlafen, stand sie auf, öffnete die Tür und legte sich wieder nieder. Das Schneiderlein, das sich nur stellte, als wenn es schliefe, fing an, mit heller Stimme zu rufen: »Junge, mach mir den Wams und flick mir die Hose, oder ich will dir die Elle über die Ohren schlagen! Ich habe sieben mit einem Streich getroffen, zwei Riesen getötet, ein Einhorn fortgeführt und ein Wildschwein gefangen und sollte mich vor denen fürchten, die draußen vor der Kammer stehen?« Als diese den Schneider so sprechen hörten, überkam sie eine große Furcht, sie liefen, als wenn das wilde Heer hinter ihnen wäre, und keiner wollte sich mehr an ihn wagen. Also war und blieb das Schneiderlein sein Lebtag ein König.

Der Eisenhans

Es war einmal ein König, der hatte einen großen Wald bei seinem Schloß; darin lief Wild aller Art herum. Einst schickte er einen Jäger hinaus, der sollte ein Reh schießen, aber er kam nicht wieder. »Vielleicht ist ihm ein Unglück zugestoßen«, sagte der König und schickte am folgenden Tag zwei andere Jäger hinaus, die sollten ihn suchen; aber die blieben auch weg. Da ließ er am dritten Tag alle seine Jäger kommen und sprach: »Streift durch den ganzen Wald, und laßt nicht ab, bis ihr sie alle drei gefunden habt!« Aber auch von diesen kam keiner wieder heim, und von der Meute Hunde, die sie mitgenommen hatten, ließ sich keiner wieder sehen. Von der Zeit an wollte sich niemand mehr in den Wald wagen, und er lag da in tiefer Stille und Einsamkeit, und man sah nur zuweilen einen Adler oder Habicht darüber hinwegfliegen.

Das dauerte viele Jahre; da meldete sich ein fremder Jäger bei dem König, suchte eine Verdingung und erbot sich, in den gefährlichen Wald zu gehen. Der König aber wollte seine Einwilligung nicht geben und sprach: »Es ist nicht geheuer darin, ich fürchte, es geht dir nicht besser als den andern und du kommst nicht wieder heraus.« Der Jäger antwortete: »Herr, ich will's auf meine Gefahr wagen; Furcht kenne ich nicht.«

Der Jäger begab sich also mit seinem Hund in den Wald. Es dauerte nicht lange, so geriet der Hund einem Wild auf die Fährte und wollte hinter ihm her; kaum aber war er ein paar Schritte gelaufen, so stand er vor einem tiefen Pfuhl, konnte nicht weiter, und ein nackter Arm streckte sich aus dem Wasser, packte ihn und zog ihn hinab. Als der Jäger das sah, ging er zurück und holte drei Männer, die mußten mit Eimern kommen und das Wasser ausschöpfen. Als sie auf den Grund sehen konnten, so lag da ein wilder Mann, der braun am Leib war wie rostiges Eisen und dem die Haare über das Gesicht bis zu den Knien herabhingen. Sie banden ihn mit Stricken und führten ihn in das Schloß. Da war große Verwunderung über den wilden Mann; der König aber ließ ihn in einen eisernen Käfig auf seinen Hof setzen und verbot bei Lebensstrafe, die Tür des Käfigs zu öffnen, und die Königin mußte den Schlüssel selbst in Verwahrung nehmen. Von nun an konnte ein jeder wieder ungefährdet in den Wald gehen.

Der König hatte einen Sohn von acht Jahren, der spielte einmal auf dem Hof, und bei dem Spiel fiel ihm sein goldener Ball in den Käfig. Der Knabe lief hin und sprach: »Gib mir meinen Ball heraus!« – »Nicht eher«, antwortete der Mann, »als bis du mir die Tür aufgemacht hast.« – »Nein«, sagte der Knabe, »das tue ich nicht, das hat der König verboten«, und lief fort. Am andern Tag kam er wieder und forderte seinen Ball. Der wilde Mann sagte: »Öffne meine Tür!« Aber der Knabe wollte nicht. Am dritten Tag war der König auf die Jagd geritten, da kam der Knabe nochmals und sagte: »Wenn ich auch wollte, ich kann die Tür nicht öffnen, ich habe den Schlüssel nicht.« Da sprach der wilde Mann: »Er liegt unter dem Kopfkissen deiner Mutter, da kannst du ihn holen.« Der Knabe, der seinen Ball wiederhaben wollte, schlug alle Bedenken in den Wind und brachte den Schlüssel herbei. Die Tür ging schwer auf, und der Knabe klemmte sich den Finger. Als sie offen war, trat der wilde Mann heraus, gab ihm den goldenen Ball und eilte hinweg. Dem Knaben war angst geworden, er schrie und rief ihm nach: »Ach, wilder Mann, gehe nicht fort, sonst bekomme ich Schläge.« Der wilde Mann kehrte um, hob ihn auf, setzte ihn auf seinen Nacken und ging mit schnellen Schritten in den Wald hinein. Als der König heimkam, bemerkte er den leeren Käfig und fragte die Königin, wie das zugegangen wäre. Sie wußte nichts davon, suchte den Schlüssel, aber er war weg. Sie rief den Knaben, aber niemand antwortete. Der König schickte Leute aus, die ihn auf dem Felde suchen sollten, aber sie fanden ihn nicht. Da konnte er leicht erraten, was geschehen war, und es herrschte große Trauer am königlichen Hof.

Als der wilde Mann wieder in dem finstern Wald angelangt war, setzte er den Knaben von den Schultern herab und sprach zu ihm: »Vater und Mutter siehst du nicht wieder, aber ich will dich bei mir behalten, denn du hast mich befreit, und ich habe Mitleid mit dir. Wenn du alles tust, was ich dir sage, so sollst du's gut haben. Schätze und Gold habe ich genug, mehr als jemand in der Welt.« Er machte dem Knaben ein Lager von Moos, auf dem er einschlief; und am andern Morgen führte ihn der Mann zu einem Brunnen und sprach: »Siehst du, der Goldbrunnen ist hell und klar wie Kristall: da sollst du sitzen und achthaben, daß nichts hineinfällt, sonst ist er verunreinigt. Jeden Abend komme ich und sehe, ob du mein Gebot befolgt hast.« Der Knabe setzte sich an den Rand des Brunnens, sah, wie manchmal ein goldener Fisch, manchmal eine goldene Schlange sich darin zeigte, und hatte größte Acht, daß nichts hineinfiel. Als er so saß, schmerzte ihn einmal der Finger so heftig, daß er ihn unwillkürlich in das Wasser steckte. Er zog ihn schnell wieder heraus, sah aber, daß er ganz vergoldet war, und wie große Mühe er sich auch gab, das Gold wieder abzuwischen, es war alles vergeblich. Abends kam der Eisenhans zurück, sah den Knaben an und sprach: »Was ist mit dem Brunnen geschehen?« – »Nichts, nichts«, antwortete er und hielt den Finger auf den Rücken, daß er ihn nicht sehen sollte. Aber der Mann sagte: »Du hast den Finger in das Wasser getaucht. Diesmal mag's hingehen, aber hüte dich, daß du nicht wieder etwas hineinfallen läßt!« Am frühen Morgen saß er schon bei dem Brunnen und bewachte ihn. Der Finger tat ihm wieder weh, und er fuhr damit über seinen Kopf, da fiel unglücklicherweise ein Haar in den Brunnen. Er nahm es schnell heraus, aber es war schon ganz vergoldet. Der Eisenhans kam und wußte schon, was geschehen war. »Du hast ein Haar in den Brunnen fallen lassen«, sagte er, »ich will dir's noch einmal nachsehen; aber wenn's zum drittenmal geschieht, so ist der Brunnen unrein, und du kannst nicht länger bei mir bleiben.« Am dritten Tag saß der Knabe am Brunnen und bewegte den Finger nicht, wenn er ihm auch noch so weh tat. Aber die Zeit ward ihm lang, und er betrachtete sein Angesicht, das auf dem Wasserspiegel stand. Und als er sich dabei immer mehr beugte und sich recht in die Augen sehen wollte, so fielen ihm seine langen Haare von den Schultern herab in das Wasser. Er richtete sich schnell in die Höhe, aber das ganze Haupthaar war schon vergoldet und glänzte wie die Sonne. Der arme Knabe erschrak. Er nahm sein Taschentuch und band es um den Kopf, damit es der Mann nicht sehen sollte. Als der aber kam, wußte er schon alles und sprach: »Binde das Tuch auf!« Da quollen die goldenen Haare hervor, und der Knabe mochte sich entschuldigen, wie er wollte, es half ihm nichts. »Du hast die Probe nicht bestanden und kannst nicht länger hierbleiben. Geh hinaus in die Welt, da wirst du erfahren, wie die Armut tut. Aber weil du kein böses Herz hast und ich's mit dir gut meine, so will ich dir eins erlauben: Wenn du in Not gerätst, so geh zu dem Wald und rufe: ›Eisenhans!‹, dann will ich kommen und dir helfen. Meine Macht ist groß, größer als du denkst, und Gold und Silber habe ich in Überfluß.«

Da verließ der Königssohn den Wald und ging die Wege immer weiter, bis er zuletzt in eine große Stadt kam. Er suchte da Arbeit, aber er konnte keine finden und hatte auch nichts gelernt, womit er sich hätte forthelfen können. Endlich ging er in das Schloß und fragte, ob sie ihn behalten wollten. Die Hofleute wußten nicht, wozu sie ihn brauchen sollten, aber sie hatten Wohlgefallen an ihm und hießen ihn bleiben. Zuletzt nahm ihn der Koch in Dienst und

Der Knabe lief hin und sprach: »Gib mir meinen Ball heraus!«

sagte, er könnte Holz und Wasser tragen und die Asche zusammenkehren. Einmal, als gerade kein anderer zur Hand war, hieß ihn der Koch die Speisen zur königlichen Tafel tragen, da er aber seine goldenen Haare nicht wollte sehen lassen, so behielt er sein Hütchen auf. Dem König war so etwas noch nicht vorgekommen, und er sprach: »Wenn du zur königlichen Tafel kommst, mußt du deinen Hut abnehmen!« – »Ach, Herr«, antwortete er, »ich kann nicht, ich habe einen bösen Grind auf dem Kopf.« Da ließ der König den Koch herbeirufen, schalt ihn und fragte, wie er einen solchen Jungen in den Küchendienst nehmen konnte; er sollte ihn sogleich fortjagen. Der Koch aber hatte Mitleid mit ihm und vertauschte ihn mit dem Gärtnerjungen.

Nun mußte der Junge im Garten pflanzen und gießen, hacken und graben und Wind und böses Wetter über sich ergehen lassen. Einmal im Sommer, als er allein im Garten arbeitete, war der Tag so heiß, daß er sein Hütchen abnahm, damit die Luft ihn kühlen sollte. Als die Sonne auf das Haar schien, gleißte und blitzte es, daß die Strahlen in das Schlafzimmer der Königstochter fielen und sie aufsprang, um zu sehen, was da wäre. Da erblickte sie den Jungen und rief ihn an: »Junge, bring mir einen Blumenstrauß!« Er setzte in aller Eile sein Hütchen auf, brach wilde Feldblumen ab und band sie zusammen. Als er damit die Treppe hinaufstieg, begegnete ihm der Gärtner und sprach: »Wie kannst du der Königstochter einen Strauß von schlechten Blumen bringen? Geschwind hole andere, und suche die schönsten und seltensten aus!« – »Ach nein«, antwortete der Junge, »die wilden riechen kräftiger und werden ihr besser gefallen.« Als er in ihr Zimmer kam, sprach die Königstochter: »Nimm dein Hütchen ab, es ziemt sich nicht, daß du es vor mir aufbehältst.« Er antwortete wieder: »Ich darf nicht, ich habe einen grindigen Kopf.« Sie griff aber nach dem Hütchen und zog es herab, da rollten seine goldenen Haare auf die Schulter herab, daß es prächtig anzusehen war. Er wollte fortspringen, aber sie hielt ihn am Arm und gab ihm eine Handvoll Dukaten. Er ging damit fort, achtete aber des Geldes nicht, sondern brachte es dem Gärtner und sprach: »Ich schenke es deinen Kindern, die können damit spielen.« Am andern Tag rief ihm die Königstochter abermals zu, er sollte ihr einen Strauß Feldblumen bringen, und als er damit eintrat, grapste sie gleich nach seinem Hütchen und wollte es ihm wegnehmen; aber er hielt es mit beiden Händen fest. Sie gab ihm wieder eine Handvoll Dukaten, aber er wollte sie nicht behalten und gab es dem Gärtner als Spielzeug für seine Kinder. Am dritten Tag ging's nicht anders: Sie konnte ihm sein Hütchen nicht wegnehmen, und er wollte ihr Gold nicht.

Nicht lange danach wurde das Land vom Krieg bedroht. Der König versammelte sein Volk und wußte nicht, ob er dem Feind, der übermächtig war und ein großes Heer hatte, Widerstand leisten könnte. Da sagte der Gärtnerjunge: »Ich bin herangewachsen und will mit in den Krieg ziehen; gebt mir nur ein Pferd!« Die andern lachten und sprachen: »Wenn wir fort sind, so suche dir eins; wir wollen dir eins im Stall zurücklassen.« Als sie ausgezogen waren, ging er in den Stall und zog das Pferd heraus; es war an einem Fuß lahm und hinkte, und sie nannten ihn Hunkepuus. Dennoch setzte er sich auf und ritt fort nach dem dunklen Wald. Als er an den Rand des Waldes gekommen war, rief er dreimal »Eisenhans!«, so laut, daß es durch die Bäume schallte. Gleich darauf erschien der wilde Mann und sprach: »Was verlangst du?« – »Ich verlange ein starkes Roß, denn ich will in den Krieg ziehen.« – »Das sollst du haben und noch mehr, als du verlangst.« Dann ging der wilde Mann in den Wald zurück, und es dauerte nicht lange, da kam ein Stallknecht aus dem Wald und führte ein Roß herbei, das schnaubte aus den Nüstern und war kaum zu bändigen. Und hinterher folgte eine große Schar Kriegsvolk, ganz in Eisen gerüstet, und ihre Schwerter blitzten in der Sonne. Der Jüngling übergab dem Stallknecht sein dreibeiniges Pferd, bestieg das andere und ritt vor der Schar her. Als er sich dem Schlachtfeld näherte, war schon ein großer Teil von des Königs Leuten gefallen, und es fehlte nicht viel, so mußten die übrigen weichen. Da jagte der Jüngling mit seiner eisernen Schar über die Feinde und schlug alles nieder, was sich ihm widersetzte. Sie wollten fliehen, aber der Jüngling saß ihnen im Nacken und ließ nicht ab, bis kein Mann mehr übrig war. Statt aber zu dem König zurückzukehren, führte er seine Schar auf Umwegen wieder zu dem Wald und rief den Eisenhans heraus. »Was verlangst du?« fragte der wilde Mann. – »Nimm dein Roß und deine Schar zurück und gib mir mein dreibeiniges Pferd wieder!« Es geschah alles, was er verlangte, und er ritt auf seinem dreibeinigen Pferd heim. Als der König wieder in sein Schloß kam, ging ihm seine Tochter entgegen und wünschte ihm Glück zu seinem Sieg. »Ich bin es nicht, der den Sieg davongetragen hat«, sprach er, »sondern ein fremder Ritter, der mir mit seiner Schar zu Hilfe kam.« Die Tochter wollte wissen, wer der fremde Ritter wäre, aber der König wußte es nicht und sagte: »Er hat die Feinde verfolgt, und ich habe ihn nicht wiedergesehen.« Sie erkundigte sich bei dem Gärtner nach dem Jungen; der lachte aber und sprach: »Eben ist er auf seinem dreibeinigen Pferd heimgekommen«, und die anderen haben gespottet und gerufen: »Da kommt unser Hunkepuus wieder an.« Sie fragten auch: »Hinter welcher Hecke hast du derweil gelegen und geschlafen?« Er sprach aber: »Ich habe das Beste getan, und ohne mich wäre es schlechtgegangen.« Da wurde er noch mehr ausgelacht.

Der König sprach zu seiner Tochter: »Ich will ein großes Fest veranstalten, das drei Tage währen soll, und du sollst einen goldenen Apfel werfen: vielleicht kommt der Unbekannte herbei.« Als das Fest angekündigt war, ging der Jüngling hinaus zu dem Wald und rief den Eisenhans. »Was verlangst du?« fragte der. – »Daß ich den goldenen Apfel der Königstochter fange.« – »Es ist so, als hättest du ihn schon«, sagte Eisenhans, »du sollst auch eine rote Rüstung dazu haben und auf einem stolzen Fuchs reiten.« Als der Tag kam, sprengte der Jüngling heran, stellte sich unter die Ritter und wurde von niemandem erkannt. Die Königstochter trat hervor und warf den Rittern einen goldenen Apfel zu, aber keiner fing ihn, nur er allein; aber sobald er ihn hatte, jagte er davon. Am zweiten Tag hatte ihn Eisenhans als weißen Ritter ausgerüstet und ihm einen Schimmel gegeben. Abermals fing er allein den Apfel, verweilte aber keinen Augenblick, sondern jagte damit fort. Der König war bös und sprach: »Das ist nicht erlaubt, er muß vor mir erscheinen und seinen Namen nennen.« Er gab den Befehl, wenn der Ritter, der den Apfel gefangen habe, sich wieder davonmachte, so sollte man ihm nachsetzen, und wenn er nicht gutwillig zurückkehrte, auf ihn hauen und stechen. Am dritten Tag erhielt er vom Eisenhans eine schwarze Rüstung und einen Rappen und fing auch wieder den Apfel. Als er aber damit fortjagte, verfolgten ihn die Leute des Königs, und einer kam ihm so nahe, daß er ihm mit der Spitze des Schwertes das Bein verwundete. Er entkam ihnen jedoch; aber sein Pferd sprang so gewaltig, daß der Helm ihm vom Kopf fiel, und sie konnten sehen, daß er goldene Haare hatte. Sie ritten zurück und meldeten dem König alles. Am andern Tag fragte die Königstochter den Gärtner nach seinem Jungen. »Er arbeitet im Garten; der wunderliche Kauz ist auch bei dem Fest gewesen und erst gestern abend wiedergekommen; er hat auch meinen Kindern drei goldene Äpfel gezeigt, die er gewonnen hat.« Der König ließ ihn zu sich beordern, und er erschien und hatte wieder sein Hütchen auf dem Kopf. Aber die Königstochter ging auf ihn zu und nahm es ihm ab, und da fielen seine goldenen Haare über die Schultern, und es war so schön, daß alle erstaunten. »Bist du der Ritter gewesen, der jeden Tag zu dem Fest gekommen ist, immer in einer andern Farbe, und der die drei goldenen Äpfel gefangen hat?« fragte der König. »Ja«, antwortete er, »und da sind die Äpfel«, holte sie aus seiner Tasche und reichte sie dem König. »Wenn Ihr noch mehr Beweise verlangt, so könnt Ihr die Wunde sehen, die mir Eure Leute geschlagen haben, als sie mich verfolgten. Aber ich bin auch der Ritter, der Euch zum Sieg über die Feinde geholfen hat.« – »Wenn du solche Taten verrichten kannst, so bist du kein Gärtnerjunge. Sage mir, wer ist dein Vater?« – »Mein Vater ist ein mächtiger König, und Gold habe ich in Hülle und Fülle.« – »Ich sehe wohl«, sprach der König, »ich bin dir Dank schuldig, kann ich etwas dir zu Gefallen tun?« – »Ja«, antwortete er, »das könnt Ihr wohl, gebt mir Eure Tochter zur Frau.« Da lachte die Jungfrau und sprach: »Der macht keine Umstände! Aber ich habe schon an seinen goldenen Haaren gesehen, daß er kein Gärtnerjunge ist«, ging hin und küßte ihn. Zu der Vermählung kamen sein Vater und seine Mutter und waren in großer Freude, denn sie hatten schon alle Hoffnung aufgegeben, ihren lieben Sohn wiederzusehen. Und als sie an der Hochzeitstafel saßen, da gingen auf einmal die Türen auf, und ein stolzer König trat herein mit großem Gefolge. Er ging auf den Jüngling zu, umarmte ihn und sprach: »Ich bin der Eisenhans und war in einen wilden Mann verwünscht, aber du hast mich erlöst. Alle meine Schätze sollen dein Eigentum sein.«

Der Gevatter Tod

Es hatte ein armer Mann zwölf Kinder und mußte Tag und Nacht arbeiten, damit er ihnen nur Brot geben konnte. Als nun das dreizehnte zur Welt kam, wußte er sich in seiner Not nicht zu helfen, lief hinaus auf die große Landstraße und wollte den ersten, der ihm begegnete, zu Gevatter bitten. Der erste, der ihm begegnete, war der liebe Gott; der wußte schon, was er auf dem Herzen hatte, und sprach zu ihm: »Armer Mann, du dauerst mich, ich will dein Kind aus der Taufe heben, will für es sorgen und es glücklich machen auf Erden.« Der Mann sprach: »Wer bist du?« – »Ich bin der liebe Gott.« – »So begehr' ich dich nicht zu Gevatter«, sagte der Mann, »du gibst den Reichen und läßt den Armen hungern.« Das sprach der Mann, weil er nicht wußte, wie weise Gott Reichtum und Armut verteilt. Also wendete er sich von dem Herrn und ging weiter. Da trat der Teufel zu ihm und sprach: »Was suchst du? Willst du mich zum Paten deines Kindes nehmen, so will ich ihm Gold in Hülle und Fülle und alle Freuden der Welt dazu geben.« Der Mann sagte: »Wer bist du?« – »Ich bin der Teufel.« – »So begehr' ich dich nicht zu Gevatter«, sprach der Mann, »du betrügst und verführst die Menschen.« Er ging weiter, da kam der dürrbeinige Tod auf ihn zugeschritten und sprach: »Nimm mich zu Gevatter!« Der Mann fragte: »Wer bist du?« – »Ich bin der Tod, der alle gleichmacht.« Da sprach der Mann: »Du bist der Rechte, du holst den Reichen wie den Armen ohne Unterschied, du sollst mein Gevattersmann sein.« Der Tod antwortete: »Ich will dein Kind reich und berühmt machen, denn wer mich zum Freunde hat, dem kann's an nichts fehlen.« Der Mann sprach: »Nächsten Sonntag ist Taufe, da stell dich zu rechter Zeit ein!« Der Tod erschien, wie er versprochen hatte.

Als der Knabe zu Jahren gekommen war, trat eines Tages der Pate ein und hieß ihn mitgehen. Er führte ihn hinaus in den Wald, zeigte ihm ein Kraut, das da wuchs, und sprach: »Jetzt sollst du dein Patengeschenk empfangen. Ich mache dich zu einem berühmten Arzt. Wenn du zu einem Kranken gerufen wirst, so will ich dir je-

»Zeige mir mein Lebenslicht!« sagte der Arzt und meinte, es wäre noch recht groß.

desmal erscheinen: Steh' ich zu Häupten des Kranken, so kannst du keck sprechen, du wolltest ihn wieder gesund machen; und gibst du ihm dann von diesem Kraut, so wird er genesen. Steh' ich aber zu Füßen des Kranken, so ist er mein, und du mußt sagen, daß alle Hilfe umsonst sei und kein Arzt der Welt ihn retten könne. Aber hüte dich, das Kraut gegen meinen Willen zu gebrauchen; es könnte dir schlimm ergehen!«

Es dauerte nicht lange, so war der Jüngling der berühmteste Arzt auf der ganzen Welt. »Er braucht nur den Kranken anzusehen, so weiß er schon, wie es steht, ob er wieder gesund wird oder ob er sterben muß«, so hieß es von ihm, und von weit und breit kamen Leute herbei, holten ihn zu den Kranken und gaben ihm so viel Geld, daß er bald ein reicher Mann war. Nun trug es sich zu, daß der König erkrankte. Der Arzt wurde gerufen und sollte sagen, ob Genesung möglich sei. Wie er aber zu dem Bette trat, so stand der Tod zu Füßen des Kranken, und da war für ihn kein Kraut mehr gewachsen. »Wenn ich doch einmal den Tod überlisten könnte«, dachte der Arzt, »er wird's freilich übelnehmen, aber da ich sein Patensohn bin, so drückt er wohl ein Auge zu. Ich will's wagen.« Er faßte also den Kranken und legte ihn verkehrt, so daß der Tod zu seinen Häupten zu stehen kam. Dann gab er ihm von dem Kraut, und der König erholte sich und wurde wieder gesund. Der Tod aber kam zu dem Arzt, machte ein böses Gesicht, drohte mit dem Finger und sagte: »Du hast mich hinters Licht geführt. Diesmal will ich es dir nachsehen, weil du mein Patensohn bist, aber wagst du das noch einmal, so geht's dir an den Kragen, und ich nehm' dich selbst mit fort.«

Bald danach verfiel die einzige Tochter des Königs in eine schwere Krankheit. Er weinte Tag und Nacht, daß ihm die Augen erblindeten, und ließ bekanntmachen, wer sie vom Tode errette, der sollte ihr Gemahl werden und die Krone erben. Der Arzt, als er zu dem Bette der Kranken kam, erblickte den Tod zu ihren Füßen. Er hätte sich der Warnung seines Paten erinnern sollen, aber die große Schönheit der Königstochter und das Glück, ihr Gemahl zu werden, betörten ihn so, daß er alle Gedanken in den Wind schlug. Er sah nicht, daß der Tod ihm zornige Blicke zuwarf und mit der dürren Faust drohte. Er bettete die Kranke um und legte ihr Haupt dahin, wo die Füße gelegen hatten. Dann gab er ihr das Kraut ein, und alsbald röteten sich die Wangen, und das Leben regte sich von neuem.

Der Tod, als er sich zum zweitenmal um sein Eigentum betrogen sah, ging mit langen Schritten auf den Arzt zu und sprach: »Es ist aus mit dir, und die Reihe kommt an dich«, packte ihn mit seiner eiskalten Hand so hart, daß er nicht widerstehen konnte, und führte ihn in eine unterirdische Höhle. Da sah er, wie tausend und abertausend Lichter in unübersehbaren Reihen brannten, einige groß, andere halbgroß, andere klein. Jeden Augenblick verloschen einige, und andere brannten wieder auf, so daß die Flämmchen in beständigem Wechsel hin und her zu hüpfen schienen. »Siehst du«, sprach der Tod, »das sind die Lebenslichter der Menschen. Die großen gehören Kindern, die halbgroßen Eheleuten in ihren besten Jahren, die kleinen gehören Greisen. Doch auch Kinder und junge Leute haben oft nur ein kleines Licht.« – »Zeige mir mein Lebenslicht!« sagte der Arzt und meinte, es wäre noch recht groß. Der Tod deutete auf ein kleines Endchen, das eben auszugehen drohte, und sagte: »Siehst du, das ist es.« – »Ach, lieber Pate«, sagte der erschrockene Arzt, »zünde mir ein neues Licht an, tu's mir zuliebe, damit ich mein Leben genießen kann, König werde und der Gemahl der schönen Königstochter.« – »Ich kann nicht«, antwortete der Tod, »erst muß eins verlöschen, eh' ein neues anbrennt.« – »So setze das alte auf ein neues, das gleich weiterbrennt, wenn jenes zu Ende ist!« Der Tod tat, als ob er seinen Wunsch erfüllen wollte, langte nach einem frischen, großen Licht, aber weil er sich rächen wollte, ließ er wie versehentlich das Stückchen fallen, und es erlosch. Der Arzt sank zu Boden, er war nun selbst in die Hand des Todes geraten.

Rumpelstilzchen

Es war einmal ein Müller, der war arm, aber er hatte eine schöne Tochter. Nun traf es sich, daß er mit dem König zu sprechen kam, und um sich ein Ansehen zu geben, sagte er zu ihm: »Ich habe eine Tochter, die kann Stroh zu Gold spinnen.« Der König sprach zum Müller: »Das ist eine Kunst, die mir wohl gefällt; wenn deine Tochter so geschickt ist, wie du sagst, so bring sie morgen in mein Schloß, da will ich sie auf die Probe stellen.«

Als nun das Mädchen zu ihm gebracht wurde, führte er es in eine Kammer, die ganz voll Stroh lag, gab ihr Rad und Haspel und sprach: »Jetzt mache dich an die Arbeit, und wenn du die Nacht durch bis morgen früh dieses Stroh nicht zu Gold versponnen hast, so mußt du sterben.« Darauf schloß er die Kammer selbst zu, und sie blieb allein darin.

Da saß nun die arme Müllerstochter und wußte um ihr Leben keinen Rat. Sie verstand gar nichts davon, wie man Stroh zu Gold spinnen konnte, und ihre Angst wurde immer größer, daß sie endlich zu weinen anfing. Da ging auf einmal die Tür auf, und ein kleines Männchen trat herein und sprach: »Guten Abend, Jungfer Müllerin; warum weinst du so sehr?« – »Ach«, antwortete das Mädchen, »ich soll Stroh zu Gold spinnen und verstehe das nicht.« Sprach das Männchen: »Was gibst du mir, wenn ich dir's spinne?« – »Mein Halsband«, sagte das Mädchen. Das Männchen nahm das Halsband, setzte sich vor das Rädchen, und schnurr, schnurr, schnurr, dreimal gezogen, war die Spule voll. Dann steckte es eine andere auf, und schnurr, schnurr, schnurr, dreimal gezogen, war auch die zweite Spule voll. Und so ging's fort bis zum Morgen, da war alles Stroh versponnen, und alle Spulen waren voll Gold. Bei Sonnenaufgang kam schon der König, und als er das Gold erblickte, erstaunte er und freute sich, aber sein Herz war noch goldgieriger. Er ließ die Müllerstochter in eine andere Kammer voll Stroh bringen, die noch viel größer war, und befahl ihr, das auch in einer Nacht zu spinnen, wenn ihr das Leben lieb wäre. Das Mädchen wußte sich nicht zu helfen und weinte, da ging abermals die Tür auf, und das kleine Männchen erschien und sprach: »Was gibst du mir, wenn ich dir das Stroh zu Gold spinne?« – »Meinen Ring vom Finger«, antwortete das Mädchen. Das Männchen nahm den Ring, fing mit dem Rade wieder zu schnurren an und hatte bis zum Morgen alles Stroh zu glänzendem Gold gesponnen.

Der König freute sich über die Maßen bei dem Anblick, war aber noch immer nicht des Goldes satt, sondern ließ die Müllerstochter in eine noch größere Kammer voll Stroh bringen und sprach: »Die mußt du noch in dieser Nacht verspinnen, gelingt dir's aber, sollst du meine Gemahlin werden.« Wenn's auch eine Müllerstochter ist, dachte er, eine reichere Frau finde er in der ganzen Welt nicht. Als das Mädchen allein war, kam das Männlein zum drittenmal wieder und sprach: »Was gibst du mir, wenn ich dir noch diesmal das Stroh spinne?« – »Ich habe nichts mehr, was ich dir geben könnte«, antwortete das Mädchen. – »So versprich mir, wenn du Königin wirst, dein erstes Kind.« – »Wer weiß, wie das noch geht«, dachte die Müllerstochter und wußte sich in der Not nicht anders zu helfen; sie versprach also dem Männchen, was es verlangte, und das Männchen spann dafür noch einmal das Stroh zu Gold. Und als am Morgen der König kam und alles fand, wie er es gewünscht hatte, so hielt er Hochzeit mit ihr, und die schöne Müllerstochter wurde Königin.

Über ein Jahr brachte sie ein schönes Kind zur Welt und dachte gar nicht mehr an das Männchen. Da trat es plötzlich in ihre Kammer und sprach: »Nun gib mir, was du versprochen hast!« Die Königin erschrak und bot dem Männlein alle Reichtümer des Königreiches an, wenn es ihr das Kind lassen wollte; aber das Männchen sprach: »Nein, etwas Lebendes ist mir lieber als alle Schätze der Welt.« Da fing die Königin so zu jammern und zu weinen an, daß das Männchen Mitleid mit ihr hatte. »Drei Tage will ich dir Zeit lassen«, sprach es, »wenn du bis dahin meinen Namen weißt, so sollst du dein Kind behalten.«

Nun besann sich die Königin die ganze Nacht über auf alle Namen, die sie jemals gehört hatte, und schickte einen Boten über Land, der sollte sich erkundigen weit und breit, was es sonst noch für Namen gäbe. Als am andern Tag das Männchen kam, fing sie an mit Kaspar, Melchior, Balthasar und sagte alle Namen, die sie wußte, nach der Reihe her; aber bei jedem sprach das Männlein: »So heiß' ich nicht!« Den zweiten Tag ließ sie in der Nachbarschaft herumfragen, wie die Leute da genannt würden, und sagte dem Männlein die ungewöhnlichsten und seltsamsten Namen vor: »Heißt du vielleicht Rippenbiest oder Hammelwade oder Schnürbein?« Aber es antwortete immer: »So heiß' ich nicht!« Den dritten Tag kam der Bote wieder zurück und erzählte: Neue Namen habe ich keinen einzigen finden können, aber als ich an einen hohen Berg um die Waldecke kam, wo Fuchs und Hase sich gute Nacht sagen, so sah ich da ein kleines Haus, und vor dem Haus brannte ein Feuer, und um das Feuer sprang ein gar zu lächerliches Männchen umher, hüpfte auf einem Bein und schrie:

›Heut back' ich, morgen brau' ich,
übermorgen hol' ich der Königin ihr Kind;
ach, wie gut ist, daß niemand weiß,
daß ich Rumpelstilzchen heiß'!‹

Da könnt ihr denken, wie die Königin froh war, als sie den Namen hörte und als bald hernach das Männlein hereintrat und fragte: »Nun, Frau Königin, wie heiß' ich?« fragte sie erst: »Heißest du Kunz?« – »Nein!« – »Heißest du Heinz?« – »Nein!«

»Heißt du etwa Rumpelstilzchen?«

»Das hat dir der Teufel gesagt! Das hat dir der Teufel gesagt!« schrie das Männlein und stieß mit dem rechten Fuß vor Zorn so tief in die Erde, daß es bis an den Leib hineinfuhr, dann packte es in seiner Wut den linken Fuß mit beiden Händen und riß sich selbst mitten entzwei.

»Heute back' ich, morgen brau' ich, übermorgen hol' ich der Königin ihr Kind; ach, wie gut ist, daß niemand weiß, daß ich Rumpelstilzchen heiß!«

Hans im Glück

Hans hatte sieben Jahre bei seinem Herrn gedient, da sprach er zu ihm: »Herr, meine Zeit ist um, nun möchte ich gerne wieder heim zu meiner Mutter, gebt mir meinen Lohn.« Der Herr antwortete: »Du hast mir treu und ehrlich gedient; wie der Dienst war, so soll der Lohn sein«, und gab ihm ein Stück Gold, so groß wie Hansens Kopf war. Hans zog sein Tüchlein aus der Tasche, wickelte den Klumpen hinein, legte ihn auf die Schulter und machte sich auf den Weg nach Haus. Wie er so dahinging und immer ein Bein vor das andere setzte, kam ihm ein Reiter in die Augen, der frisch und fröhlich auf einem munteren Pferd vorbeitrabte. »Ach«, sprach Hans ganz laut, »was ist Reiten ein schönes Ding! Da sitzt einer wie auf einem Stuhl, stößt sich an keinen Stein, spart die Schuhe und kommt weiter, er weiß nicht, wie.« Der Reiter, der das gehört hatte, hielt an und rief: »Ei, Hans, warum läufst du auch zu Fuß?« – »Ich muß ja wohl«, antwortete er, »da habe ich einen Klumpen heimzutragen, es ist zwar Gold, aber ich kann den Kopf dabei nicht geradehalten, auch drückt mir's auf die Schulter.« – »Weißt du was«, sagte der Reiter, »wir wollen tauschen: ich gebe dir mein Pferd, und du gibst mir deinen Klumpen.« – »Von Herzen gern«, sprach Hans, »aber ich sage Euch, Ihr müßt Euch damit schleppen.« Der Reiter stieg ab, nahm das Gold und half dem Hans hinauf, gab ihm die Zügel fest in die Hände und sprach: »Wenn's nun recht geschwind gehen soll, so mußt du mit der Zunge schnalzen und ›hopp, hopp!‹ rufen.«

Hans war seelenfroh, als er auf dem Pferde saß und so frank und frei dahinritt. Über ein Weilchen fiel's ihm ein, es sollte noch schneller gehen, und er fing an mit der Zunge zu schnalzen und »hopp, hopp!« zu rufen. Das Pferd setzte sich in starken Trab, und ehe er sich's versah, war er abgeworfen und lag in einem Graben, der die Äcker von der Landstraße trennte. Das Pferd wäre durchgegangen, wenn es nicht ein Bauer aufgehalten hätte, der des Weges kam und eine Kuh vor sich hertrieb. Hans suchte seine Glieder zusammen und machte sich wieder auf die Beine. Er war aber verdrießlich und sprach zu dem Bauer: »Es ist ein schlechter Spaß, das Reiten, zumal, wenn man auf so eine Mähre gerät wie diese, die stößt und einen herabwirft, daß man den Hals brechen kann; ich setze mich nimmermehr wieder auf. Da lob' ich mir Eure Kuh, da kann einer mit Gemächlichkeit hergehen und hat obendrein seine Milch, Butter und Käse jeden Tag. Was gäb' ich darum, wenn ich so eine Kuh hätte!« – »Nun«, sprach der Bauer, »geschieht Euch so ein großer Gefallen, so will ich Euch die Kuh für das Pferd eintauschen.« Hans willigte mit tausend Freuden ein, und der Bauer schwang sich aufs Pferd und ritt eilig davon.

Hans trieb seine Kuh ruhig vor sich her und bedachte den glücklichen Handel. »Hab' ich nur ein Stück Brot, und daran wird mir's doch nicht fehlen, so kann ich, so oft mir's beliebt, Butter und Käse dazu essen; hab' ich Durst, so melk' ich meine Kuh und trinke Milch. Herz, was verlangst du mehr?« Als er zu einem Wirtshaus kam, machte er halt, aß in der großen Freude alles, was er bei sich hatte, sein Mittags- und Abendbrot, gänzlich auf und ließ sich für seine letzten paar Heller ein halbes Glas Bier einschenken. Dann trieb er seine Kuh weiter, immer dem Dorfe seiner Mutter zu. Die Hitze wurde drückender, je näher der Mittag kam, und Hans befand sich in einer Heide, die sich wohl noch eine Stunde ausdehnte. Da wurde ihm ganz heiß, so daß ihm vor Durst die Zunge am Gaumen klebte. »Dem Ding ist zu helfen«, dachte Hans, »jetzt will ich meine Kuh melken und mich an der Milch laben.« Er band sie an einen dürren Baum, und da er keinen Eimer hatte, so stellte er seine Ledermütze unter; aber wie er sich auch bemühte, es kam kein Tropfen Milch zum Vorschein. Und weil er sich so ungeschickt dabei anstellte, so gab ihm das ungeduldige Tier endlich mit einem der Hinterfüße einen solchen Schlag vor den Kopf, daß er zu Boden taumelte und eine Zeitlang sich gar nicht besinnen konnte, wo er war. Glücklicherweise kam gerade ein Metzger des Weges, der auf einem Schubkarren ein junges Schwein liegen hatte. »Was sind das für Streiche!« schrie er und half dem guten Hans auf. Hans erzählte, was vorgefallen war. Der Metzger reichte ihm seine Flasche und sprach: »Da trinkt einmal und erholt Euch. Die Kuh will wohl keine Milch geben, das ist ein altes Tier, das höchstens noch zum Ziehen taugt oder zum Schlachten.« – »Ei, ei«, sprach Hans, und strich sich die Haare über den Kopf, »wer hätte das gedacht? Es ist freilich gut, wenn man so ein Tier im Haus abschlachten kann, was gibt's für Fleisch! Aber ich mache mir aus dem Kuhfleisch nicht viel, es ist mir nicht saftig genug. Ja, wer so ein junges Schwein hätte! Das schmeckt anders, dabei noch die Würste!« – »Hört, Hans«, sprach der Metzger, »Euch zuliebe will ich tauschen und will Euch das Schwein für die Kuh lassen.« – »Gott lohn' Euch Eure Freundschaft«, sprach Hans, übergab ihm die Kuh, ließ sich das Schweinchen vom Karren laden und den Strick, woran es gebunden war, in die Hand geben.

Hans zog weiter und überdachte, wie ihm doch alles nach Wunsch ginge; begegnete ihm auch eine Verdrießlichkeit, so wurde sie doch gleich wieder gutgemacht. Es gesellte sich danach ein Bursche zu ihm, der trug eine schöne, weiße Gans unter dem Arm. Sie grüßten einander, und Hans fing an, von seinem Glück zu erzählen und wie er immer so vorteilhaft getauscht hätte. Der Bursch erzählte ihm, daß er die Gans zu einem Kindstaufschmaus brächte. »Hebt einmal«, fuhr er fort und packte sie bei den Flügeln, »wie schwer sie ist, die ist aber auch acht Wochen lang geschoppt worden. Wer in den Braten beißt, muß sich das Fett von den beiden Seiten abwischen.« – »Ja«, sprach Hans und wog sie mit einer Hand, »die hat ihr Gewicht, aber mein Schwein ist auch etwas wert.« Indessen sah sich der Bursche nach allen Seiten ganz bedenklich um, schüttelte auch bedächtig den Kopf. »Hört«, fing er darauf an, »mit Eurem Schwein mag's nicht ganz richtig sein. In dem Dorfe, durch das ich gekommen bin, ist eben dem Schulzen eins aus dem Stalle gestohlen worden. Ich fürchte, ich fürchte, Ihr habt's da in der Hand. Sie haben Leute ausgeschickt, und es wäre ein schlimmer Handel, wenn sie Euch mit dem Schwein erwischten; das geringste, was Euch passieren kann, ist, daß Ihr ins finstere Loch gesteckt werdet.« Dem guten Hans wurde bang. »Ach Gott«, sprach er, »helft mir aus der Not. Ihr wißt hier herum besser Bescheid, nehmt mein Schwein da und laßt mir Eure Gans!« – »Ich muß schon etwas aufs Spiel setzen«, antwortete der Bursche, »aber ich will doch nicht schuld sein, daß Ihr ins Unglück geratet.« Er nahm also das Seil in die Hand und trieb das Schwein auf einem Seitenweg fort. Der gute Hans aber ging, seiner Sorgen entledigt, mit der Gans unter dem Arme der Heimat zu. »Wenn ich's recht überlege«, sprach er mit sich selbst, »habe ich doch Vorteil bei dem Tausch: zuerst den guten Braten, hernach die Menge von Fett, die heraustr äufeln wird, das gibt Gänsefett für ein Vierteljahr; und endlich die schönen, weißen Federn, die lass' ich mir in mein Kopfkissen stopfen, und darauf will ich wohl ungewiegt einschlafen. Was wird meine Mutter für eine Freude haben!«

Als er durch das letzte Dorf gekommen war, stand da ein Scherenschleifer mit seinem Karren, sein Rad schnurrte, und er sang dazu:

»Ich schleife die Schere und drehe
geschwind
und hänge mein Mäntelchen nach dem
Wind.«

Hans blieb stehen und sah ihm zu: endlich redete er ihn an und sprach: »Euch geht's gut, weil ihr lustig bei Eurem Schleifen seid.« – »Ja«, antwortete der Scherenschleifer, »das Handwerk hat einen goldenen Boden. Ein rechter Schleifer ist ein Mann, der, sooft er in die Tasche greift, auch Geld darin findet. Aber wo habt Ihr die schöne Gans gekauft?« – »Die hab' ich nicht gekauft, sondern für mein Schwein eingetauscht.« – »Und das Schwein?« – »Das hab' ich für eine Kuh gekriegt.« – »Und die Kuh?« – »Die hab' ich für ein Pferd bekommen.« – »Und das Pferd?« – »Dafür hab' ich einen Klumpen Gold, so groß wie mein Kopf gegeben.« – »Und das Gold?« – »Ei, das war mein Lohn für sieben Jahre Dienst.« – »Ihr habt Euch jederzeit zu helfen gewußt«, sprach der Schleifer, »könnt' Ihr's nun dahin bringen, daß Ihr das Geld in der Tasche springen hört, wenn Ihr aufsteht, so habt Ihr Euer Glück gemacht.« – »Wie soll ich das anfangen?« sprach Hans. – »Ihr müßt ein Schleifer werden wie ich; dazu gehört nichts als ein Wetzstein, das andere findet sich schon von selbst. Da hab' ich einen, der ist zwar ein wenig schadhaft, dafür sollt Ihr mir aber auch weiter nichts als Eure Gans geben; wollt Ihr das?« – »Wie könnt Ihr noch fragen«, antwortete Hans, »ich werde ja zum glücklichsten Menschen auf Erden; habe ich Geld, sooft ich in die Tasche greife, was brauche ich da länger zu sorgen?« Er reichte ihm die Gans hin und nahm den Wetzstein in Empfang. – »Nun«, sprach der Schleifer und hob einen gewöhnlichen schweren Feldstein, der neben ihm lag, auf, »da habt Ihr noch einen tüchtigen Stein dazu, auf dem sich's gut schlagen läßt und Ihr Eure alten Nägel geradeklopfen könnt. Nehmt hin und hebt ihn ordentlich auf!«

Hans lud den Stein auf und ging mit vergnügtem Herzen weiter; seine Augen leuchteten vor Freude. »Ich muß in einer Glückshaut geboren sein«, rief er aus, »alles, was ich wünsche, trifft ein, wie bei einem Sonntagskind.« Indessen, weil er seit Tagesanbruch auf den Beinen gewesen war, begann er müde zu werden; auch plagte ihn der Hunger, da er allen Vorrat auf einmal in der Freude über die erhaltene Kuh aufgezehrt hatte. Er konnte endlich nur mit Mühe weitergehen und mußte jeden Augenblick haltmachen; dabei drückten ihn die Steine ganz erbärmlich.

Da konnte er sich des Gedankens nicht erwehren, wie gut es wäre, wenn er sie gerade jetzt nicht zu tragen brauchte. Wie eine Schnecke kam er zu einem Feldbrunnen geschlichen, wollte da ruhen und sich mit einem frischen Trunk laben. Damit er aber die Steine im Niedersetzen nicht beschädigte, legte er sie bedächtig neben sich auf den Rand des Brunnens. Darauf setzte er sich nieder und wollte sich zum Trinken bücken, da stieß er ein klein wenig an, und beide Steine plumpsten hinab.

Hans, als er sie mit seinen Augen in die Tiefe hatte versinken sehen, sprang vor Freude auf, kniete dann nieder und dankte Gott mit Tränen in den Augen, daß er ihm auch diese Gnade noch erwiesen und ihn auf eine so gute Art und ohne daß er sich einen Vorwurf zu machen brauchte, von den schweren Steinen befreit hätte, die ihm allein noch hinderlich gewesen wären.

»So glücklich wie ich«, rief er aus, »gibt es keinen Menschen unter der Sonne!«

Mit leichtem Herzen und frei von aller Last, sprang er nun fort, bis er daheim bei seiner Mutter war.

Hans zog weiter und überdachte, wie ihm doch alles nach Wunsch ginge . . .

Es lebte einmal eine alte Königin, die war schon lange Witwe, und sie hatte eine schöne Tochter. Wie diese heranwuchs, wurde sie weit übers Land an einen Königssohn versprochen. Als nun die Zeit kam, wo sie vermählt werden sollte und in das fremde Reich abreisen mußte, packte ihr die Alte viel kostbares Gerät und Geschmeide ein, Gold und Silber, Becher und Kleinode, kurz alles, was nur zu einem königlichen Brautschatz gehörte, denn sie hatte ihr Kind von Herzen lieb. Auch gab sie ihr eine Kammerjungfer mit, welche sie begleiten und in die Hände des Bräutigams übergeben sollte. Und jede bekam ein Pferd zur Reise, aber das Pferd der Königstochter hieß Falada und konnte sprechen. Als nun die Abschiedsstunde da war, begab sich die alte Mutter in ihre Schlafkammer, nahm ein Messer und schnitt damit in ihre Finger, daß sie bluteten; darauf hielt sie ein weißes Läppchen unter und ließ drei Tropfen Blut hineinfallen, gab sie der Tochter und sprach: »Liebes Kind, verwahre sie wohl, sie werden dir unterwegs nottun.«

Also nahmen beide voneinander betrübt Abschied. Das Läppchen steckte die Königstochter an ihren Busen, setzte sich aufs Pferd und zog nun fort zu ihrem Bräutigam. Als sie eine Stunde geritten waren, empfand sie heißen Durst und sprach zu ihrer Kammerjungfer: »Steig ab und schöpfe mir mit meinem Becher, den du für mich mitgenommen hast, Wasser aus dem Bache, ich möchte gern einmal trinken.« – »Wenn Ihr Durst habt«, sprach die Kammerjungfer, »so steigt selbst herab, legt Euch ans Wasser und trinkt, ich mag nicht Eure Magd sein.« Da stieg die Königstochter herunter, neigte sich über das Wasser im Bach und trank und durfte nicht aus dem goldenen Becher trinken. Da sprach sie: »Ach Gott!«, und die drei Blutstropfen antworteten: »Wenn das deine Mutter wüßte, das Herz im Leibe tät' ihr zerspringen.« Aber die Königstochter war demütig, sagte nichts und stieg wieder aufs Pferd.

So ritten sie viele Meilen weiter, aber der Tag war warm, die Sonne stach, und die Königstochter hatte bald von neuem Durst. Da sie nun an einen Fluß kamen, rief sie noch einmal ihrer Kammerjungfer zu: »Steig ab und gib mir aus meinem Goldbecher zu trinken«, denn sie hatte alle bösen Worte längst vergessen. Die Kammerjungfer sprach aber noch hochmütiger: »Wollt Ihr trinken, so trinkt allein, ich mag nicht Eure Magd sein.« Da stieg die Königstochter herab, legte sich über das fließende Wasser, weinte und sprach: »Ach Gott!«, und die Blutstropfen antworteten wiederum: »Wenn das deine Mutter wüßte, das Herz im Leibe tät' ihr zerspringen.« Und wie sie so trank und sich weit überlehnte, fiel ihr das Läppchen, worin die drei Tropfen waren, aus dem Busen und schwamm mit dem Wasser fort, ohne daß sie es in ihrem Kummer bemerkte. Die Kammerjungfer hatte aber zugesehen und freute sich, daß sie Gewalt über die Königstochter bekäme; denn damit, daß diese die Blutstropfen verloren hatte, war sie schwach und machtlos geworden. Als sie nun wieder auf ihr Pferd mit Namen Falada steigen wollte, sagte die Kammerjungfer: »Auf Falada gehöre ich, auf meinen Gaul gehörst du!«, und das mußte sie sich gefallen lassen. Dann befahl ihr die Kammerjungfer mit harten Worten, die königlichen Kleider auszuziehen und ihre schlechten anzulegen, und endlich mußte sie unter freiem Himmel schwören, daß sie am königlichen Hof keinem Menschen etwas davon sagen wollte. Aber Falada sah das alles mit an und merkte sich es wohl.

Die Kammerjungfer stieg nun auf Falada und die wahre Braut auf das schlechte Roß, und so zogen sie weiter, bis sie endlich in dem königli-

Und wenn sie auf der Wiese angekommen war, saß sie nieder und machte ihre Haare auf, die waren eitel Gold . . .

chen Schloß eintrafen. Da war große Freude über ihre Ankunft, und der Köngssohn sprang ihnen entgegen, hob die Kammerjungfer vom Pferd und meinte, sie wäre seine Braut. Sie wurde die Treppe hinaufgeführt, die wahre Braut aber mußte unten stehenbleiben. Da trat der alte König ans Fenster und sah sie im Hofe stehen und merkte, wie sie fein war, zart und schön. Der König ging alsbald ins Brautgemach und fragte die Braut nach dem Mädchen, das sie bei sich hätte und das da unten im Hofe stünde, und wer es sei. »Die hab' ich mir unterwegs mitgenommen zur Gesellschaft; gebt der Magd was zu arbeiten, daß sie nicht müßig steht!« Aber der alte König hatte keine Arbeit für sie und wußte keinen Rat als den: »Da hab' ich so einen kleinen Jungen, der hütet die Gänse, dem mag sie helfen.« Der Junge hieß Kürdchen, dem mußte die wahre Braut helfen Gänse hüten.

Bald aber sprach die falsche Braut zu dem jungen König: »Liebster Gemahl, ich bitte Euch, tut mir einen Gefallen!« Er antwortete: »Das will ich gerne tun.« – »Nun, so laßt den Schinder rufen und dem Pferd, worauf ich hergeritten bin, den Hals abhauen, weil es mich unterwegs geärgert hat.« In Wahrheit aber fürchtete sie, daß das Pferd sprechen könnte, wie sie mit der Königstochter umgegangen war.

Nun war es soweit, daß der treue Falada sterben sollte. Das kam auch der rechten Königstochter zu Ohren, und sie versprach dem Schinder heimlich ein Stück Geld, das sie ihm zahlen wollte, wenn er ihr einen kleinen Dienst erwiese. In der Stadt war ein großes, finsteres Tor, wo sie abends und morgens mit den Gänsen durchmußte. Unter das finstere Tor möchte er Faladas Kopf hinnageln, das sie ihn doch noch mehr als einmal sehen könnte. Der Schinderknecht versprach das zu tun, hieb den Kopf ab und nagelte ihn unter das finstere Tor.

Des Morgens früh, da sie und Kürdchen unter dem Tor hinausgingen, sprach sie:

»O du Falada, da du hangest ...«

Da antwortete der Kopf:

»O du Jungfer Königin, da du gangest,
wenn das deine Mutter wüßte,
ihr Herz tät' ihr zerspringen.«

Da zog sie still weiter zur Stadt hinaus, und sie trieben die Gänse aufs Feld. Und wenn sie auf der Wiese angekommen war, saß sie nieder und machte ihre Haare auf, die waren eitel Gold, und Kürdchen sah sie und freute sich, wie sie glänzten, und wollte ihr ein paar ausraufen. Da sprach sie:

»Weh, weh, Windchen,
nimm Kürdchen sein Hütchen!«

Und da kam ein so starker Wind, daß er dem Kürdchen sein Hütchen wegwehte weit über das Land, und es mußte ihm nachlaufen. Bis es wiederkam, war sie mit dem Kämmen und Aufstecken fertig, und er konnte keine Haare kriegen. Da war Kürdchen bös und sprach nicht mit ihr; und so hüteten sie die Gänse, bis es Abend wurde, dann gingen sie nach Haus.

Am anderen Morgen, wie sie unter dem finstern Tor hinausgingen, sprach die Jungfrau:

»O Falada, da du hangest ...«

Falada antwortete:

»O du Jungfer Königin, da du gangest,
wenn das deine Mutter wüßte,
ihr Herz tät' ihr zerspringen.«

Und in dem Feld setzte sie sich wieder auf die Wiese und fing an ihr Haar auszukämmen, und Kürdchen lief und wollte danach greifen, da sprach sie schnell:

»Weh, weh, Windchen,
nimm Kürdchen sein Hütchen!«

Da wehte der Wind und wehte ihm das Hütchen vom Kopf weit weg, daß Kürdchen nachlaufen mußte, und als es wiederkam, hatte sie längst ihr Haar zurecht, und er konnte keins davon erwischen; und so hüteten sie die Gänse, bis es Abend wurde.

Abends aber, nachdem sie heimgekommen waren, trat Kürdchen vor den alten König und sagte: »Mit dem Mädchen will ich nicht länger Gänse hüten!« – »Warum denn?« fragte der alte König. – »Ei, das ärgert mich den ganzen Tag.« Da befahl ihm der alte König, zu erzählen, wie's ihm denn mit ihr erginge. Da sagte Kürdchen: »Morgens, wenn wir unter dem finstern Tor mit der Herde durchkommen, so ist da ein Pferdekopf an der Wand, zu dem redet das Mädchen:

›O du Falada, da du hangest‹,

dann antwortet der Kopf:

›O du Jungfer Königin, da du gangest,
wenn das deine Mutter wüßte,
ihr Herz tät' ihr zerspringen.‹«

Und so erzählte Kürdchen weiter, was auf der Gänsewiese geschähe.

Der alte König befahl ihm, am nächsten Tag wieder die Gänse hinauszutreiben; und er selbst, wie es Morgen war, setzte sich hinter das finstere Tor und hörte, wie die Magd mit dem Kopf des Falada sprach. Und dann ging er ihr auch nach auf das Feld und verbarg sich in einem Busch auf der Wiese. Da sah er nun bald mit eigenen Augen, wie die Gänsemagd und der Gänsejunge die Herde trieben und wie sie sich nach einer Weile setzte und ihr Haare losflocht, die strahlten wie Gold. Gleich sprach sie wieder:

»Weh, weh, Windchen,
nimm Kürdchen sein Hütchen!«

Da kam der Windstoß und fuhr mit Kürdchens Hut weg, daß es weit zu laufen hatte, und die Magd kämmte und flocht ihr Haar. Darauf ging der alte König unbemerkt zurück, und als abends die Gänsemagd heimkam, rief er sie beiseite und fragte, warum sie denn so täte. »Das darf ich Euch nicht sagen und darf auch keinem Menschen mein Leid klagen, denn so hab' ich unter freiem Himmel geschworen.« Der König drang in sie und ließ ihr keine Ruhe, aber er konnte nichts aus ihr herausbringen. Da sprach er: »Wenn du mir nichts sagen willst, so klag dem Eisenofen da dein Leid«, und ging fort. Da kroch sie in den Eisenofen, fing an zu jammern und zu weinen, schüttete ihr Herz aus und sprach: »Da sitze ich nun von aller Welt verlassen und bin doch eine Königstochter, und eine falsche Kammerjungfer hat mich mit Gewalt dahin gebracht, daß ich meine königlichen Kleider habe ablegen müssen, und hat meinen Platz bei meinem Bräutigam eingenommen, und ich muß als Gänsemagd gemeine Dienste tun. Wenn das meine Mutter wüßte, das Herz im Leib tät' ihr zerspringen.«

Der alte König stand aber draußen an der Ofenröhre und hörte, was sie sprach. Da kam er wieder herein und hieß sie aus dem Ofen kriechen. Dann wurden ihr königliche Kleider angetan, und es schien ein Wunder, wie schön sie war. Der alte König rief seinen Sohn und verkündete ihm, daß er die falsche Braut hätte: die sei bloß ein Kammermädchen, die wahre aber stände hier als die frühere Gänsemagd.

Der junge König war herzensfroh, als er ihre Schönheit erblickte, und ein großes Mahl wurde vorbereitet, zu dem alle Leute und guten Freunde gebeten wurden. Obenan saß der Bräutigam, die Königstochter zu einer Seite und die Kammerjungfer zur andern, aber die Kammerjungfer war ganz verblendet und erkannte jene nicht mehr in dem glänzendem Schmuck.

Als sie nun gegessen und getrunken hatten und vergnügt waren, gab der alte König der Kammerjungfer ein Rätsel auf. Er erzählte zuerst die ganze Geschichte von der Gänsemagd und fragte zum Schluß, was eine Kammerjungfer wert sei, die den Herrn auf solche Art betrogen hätte, und welches Urteil diese zu erwarten habe. Da sprach die falsche Braut: »Die ist nichts Besseres wert, als daß sie splitternackt ausgezogen und in ein Faß gesteckt wird, das innen mit spitzen Nägeln beschlagen ist; und zwei weiße Pferde müssen vorgespannt werden, die sie Gasse auf, Gasse ab zu Tode schleifen.« – »Das bist du«, sprach der alte König, »und du hast dein eigen Urteil gefunden, so soll es also dir geschehen.« Und als das Urteil vollzogen war, vermählte sich der junge König mit seiner rechten Braut.

Simeliberg

Es waren zwei Brüder, einer war reich, der andere arm. Der Reiche aber gab dem Armen nichts, und er mußte sich vom Kornhandel kümmerlich ernähren; da ging es ihm oft so schlecht, daß er für seine Frau und Kinder kein Brot mehr hatte.

Einmal fuhr er mit seinem Karren durch den Wald, da erblickte er einen großen kahlen Berg, und weil er den noch nie gesehen hatte, hielt er still und betrachtete ihn mit Verwunderung. Wie er so stand, sah er zwölf wilde, große Männer daherkommen; weil er nun glaubte, das wären Räuber, schob er seinen Karren ins Gebüsch und stieg auf einen Baum und wartete, was geschehen würde.

Die zwölf Männer gingen aber vor den Berg und riefen: »Berg Semsi, Berg Semsi, tu dich auf!«

Alsbald tat sich der kahle Berg in der Mitte auseinander, und die zwölf gingen hinein, und als sie darin waren, schloß er sich wieder.

Über eine kleine Weile tat er sich wieder auf, und die Männer kamen heraus und trugen schwere Säcke auf dem Rücken, und als sie alle wieder am Tageslicht waren, sprachen sie: »Berg Semsi, Berg Semsi, tu dich zu!«

Da fuhr der Berg zusammen, und es war kein Eingang mehr an ihm zu sehen, und die zwölf gingen fort.

Der Arme stieg vom Baum herunter und war neugierig, was wohl im Berge Heimliches verborgen wäre. Also trat er davor und sprach: »Berg Semsi, Berg Semsi, tu dich auf!«

Und der Berg tat sich vor ihm auf. Da ging er hinein, und der ganze Berg war eine Höhle voll Silber und Gold, und hinten lagen große Haufen Perlen, und blitzende Edelsteine waren wie Korn aufgeschüttet. Der Arme wußte gar nicht, was er anfangen sollte und ob er sich von den Schätzen nehmen dürfte; endlich füllte er sich die Taschen mit Gold, die Perlen und Edelsteine aber ließ er liegen.

Als er wieder herauskam, sprach er gleichfalls: »Berg Semsi, Berg Semsi, tu dich zu!« Da schloß sich der Berg, und er fuhr mit seinem Karren nach Hause.

Nun brauchte er nicht mehr zu darben und konnte mit seinem Golde für Frau und Kind Brot und auch Wein kaufen, lebte fröhlich und redlich, gab den Armen und tat jedermann Gutes.

Als aber das Gold zu Ende war, ging er zu seinem Bruder, lieh einen Scheffel und holte sich von neuem; doch rührte er von den großen Schätzen nichts an.

Wie er sich zum drittenmal etwas holen wollte, borgte er sich von seinem Bruder abermals den Scheffel. Der Reiche aber war lange schon neidisch auf das Vermögen und den schönen Haushalt, den sich sein früher so armer Bruder nun eingerichtet hatte, und konnte nicht begreifen, woher der Reichtum käme und was sein Bruder mit dem Scheffel anfinge. Da dachte er eine List aus und bestrich den Boden mit Pech, und als er das Maß zurückbekam, so war ein Goldstück darin hängengeblieben.

Alsbald ging er zu seinem Bruder und fragte ihn: »Was hast du mit dem Scheffel gemessen?« – »Korn und Gerste«, sagte der andere. Da zeigte er ihm das Goldstück und drohte ihm, wenn er nicht die Wahrheit sagte, so wollte er ihn bei Gericht verklagen. Der erzählte ihm nun, wie es zugegangen war. Der Reiche aber ließ gleich einen Wagen anspannen, fuhr hinaus, wollte die Gelegenheit besser nutzen und ganz andere Schätze mitbringen. Wie er vor den Berg kam, rief er: »Berg Semsi, Berg Semsi, tu dich auf!« Der Berg tat sich auf, und er ging hinein. Da lagen die Reichtümer alle vor

Die zwölf Männer gingen aber vor den Berg und riefen:
»Berg Semsi, Berg Semsi, tu dich auf!«

ihm, und er wußte lange nicht, wonach er zuerst greifen sollte; endlich lud er Edelsteine auf, soviel er tragen konnte. Er wollte seine Last hinausbringen; weil aber Herz und Sinn ganz voll von den Schätzen waren, hatte er darüber den Namen des Berges vergessen und rief: »Berg Simeli, Berg Simeli, tu dich auf!« Aber das war der rechte Name nicht, und der Berg regte sich nicht und blieb verschlossen. Da ward ihm angst, aber je länger er nachsann, desto mehr verwirrten sich seine Gedanken, und es halfen ihm alle Schätze nichts mehr. Am Abend tat sich der Berg auf, und die zwölf Männer kamen herein, und als sie ihn sahen, lachten sie und riefen: »Vogel, haben wir dich endlich, meinst du, wir hätten's nicht gemerkt, daß du zweimal hereingekommen bist, aber wir konnten dich nicht fangen, zum drittenmal sollst du nicht wieder hinaus.« Da rief er: »Ich war's nicht, mein Bruder war's!« Aber er mochte bitten um sein Leben und sagen, was er wollte, sie schlugen ihm das Haupt ab.

Schneeweißchen und Rosenrot

Eine arme Witwe lebte einsam in einem Hüttchen, und vor dem Hüttchen war ein Garten, darin standen zwei Rosenbäumchen, davon trug das eine weiße, das andere rote Rosen. Sie hatte zwei Kinder, die glichen den Rosenbäumchen, und das eine hieß Schneeweißchen, das andere Rosenrot. Sie waren so fromm und gut, so arbeitsam und unverdrossen, als je zwei Kinder auf der Welt gewesen sind; Schneeweißchen war nur stiller und sanfter als Rosenrot. Rosenrot sprang lieber in den Wiesen und Feldern umher, suchte Blumen und fing Sommervögel; Schneeweißchen aber saß daheim bei der Mutter, half ihr im Hauswesen oder las ihr vor, wenn nichts zu tun war. Die beiden Kinder hatten einander so lieb, daß sie sich immer an den Händen faßten, sooft sie zusammen ausgingen; und wenn Schneeweißchen sagte: »Wir wollen uns nicht verlassen«, so antwortete Rosenrot: »So lange wir leben, nicht«, und die Mutter setzte hinzu: »Was das eine hat, soll's mit dem andern teilen.« Oft liefen sie im Walde allein umher und sammelten roten Beeren; aber kein Tier tat ihnen etwas zuleide, sondern sie kamen vertraulich herbei. Das Häschen fraß ein Kohlblatt aus ihren Händen, das Reh graste an ihrer Seite, der Hirsch sprang ganz lustig vorbei, und die Vögel blieben auf den Ästen sitzen und sangen. Kein Unfall traf sie; wenn sie sich im Walde verspätet hatten und die Nacht sie überfiel, so legten sie sich nebeneinander auf das Moos und schliefen, bis der Regen kam, und die Mutter wußte das und hatte deretwegen keine Sorge. Einmal, als sie im Walde übernachtet hatten und das Morgenrot sie aufweckte, da sahen sie ein schönes Kind in einem weißen, glänzenden Kleidchen neben ihrem Lager sitzen. Es stand auf und blickte sie freundlich an, sprach aber nichts und ging in den Wald hinein. Und als sie sich umsahen, so hatten sie ganz nahe bei einem Abgrunde geschlafen und wären gewiß hineingefallen, wenn sie in der Dunkelheit noch ein paar Schritte weitergegangen wären. Die Mutter aber sagte ihnen, das müßte der Engel gewesen sein, der gute Kinder bewache. Schneeweißchen und Rosenrot hielten das Hüttchen der Mutter so reinlich, daß es eine Freude war hineinzuschauen. Im Sommer besorgte Rosenrot das Haus und stellte der Mutter jeden Morgen, ehe sie aufwachte, einen Blumenstrauß vors Bett, darin war von jedem Bäumchen eine Rose. Im Winter zündete Schneeweißchen das Feuer an und hing den Kessel an den Feuerhaken, und der Kessel war aus Messing, glänzte aber wie Gold, so rein war er gescheuert. Abends, wenn die Flocken fielen, sagte die Mutter: »Geh, Schneeweißchen, und schieb den Riegel vor!«, und dann setzten sie sich an den Herd, und die Mutter nahm die Brille und las aus einem großen Buch vor, und die beiden Mädchen hörten zu, saßen und spannen. Neben ihnen lag ein Lämmchen auf dem Boden, und hinter ihnen, auf einer Stange, saß ein weißes Täubchen und hatte seinen Kopf unter den Flügeln gesteckt.

Eines Abends, als sie so traulich beisammensaßen, klopfte jemand an die Tür, als wollte er eingelassen sein. Die Mutter sprach: »Geschwind, Rosenrot, mach auf, es wird ein Wanderer sein, der Obdach sucht.« Rosenrot ging und schob den Riegel weg und dachte, es wäre ein armer Mann; aber es war ein Bär, der seinen dicken, schwarzen Kopf zur Tür hereinstreckte. Rosenrot schrie laut und sprang zurück; das Lämmchen blökte, das Täubchen flatterte auf, und Schneeweißchen versteckte sich hinter der Mutter Bett. Der Bär aber fing zu sprechen an und sagte: »Fürchtet euch nicht, ich tue euch nichts zuleide, ich bin halb erfroren und will mich nur ein wenig bei euch erwärmen.« – »Du armer Bär«, sprach die Mutter, »leg dich ans Feuer und gib nur acht, daß dir dein Pelz nicht verbrennt.« Dann rief sie: »Schneeweißchen, Rosenrot, kommt hervor, der Bär tut euch nichts, er meint's ehrlich.« Da kamen sie beide heran, und nach und nach näherten sich auch das Lämmchen und die Taube und hatten keine Furcht vor ihm. Der Bär sprach: »Ihr Kinder, klopft mir den Schnee ein wenig aus dem Pelzwerk!« Und sie holten den Besen und kehrten dem Bären das Fell rein; er aber streckte sich ans Feuer und brummte ganz vergnügt und behaglich. Nicht lange, so wurden sie ganz vertraut und trieben Mutwillen mit dem unbeholfenen Gast. Sie zausten ihm das Fell mit den Händen, setzten ihre Füßchen auf seinen Rücken und wälzten ihn hin und her, oder sie nahmen eine Haselrute und schlugen auf ihn los, und wenn er brummte, so lachten sie. Der Bär ließ sich's gerne gefallen; nur wenn sie's gar zu arg machten, rief er:

»Schneeweißchen, Rosenrot,
schlägst dir deinen Freier tot!«

Als Schlafenszeit war und die andern zu Bett gingen, sagte die Mutter zu dem Bären: »Du kannst in Gottes Namen da am Herde liegenbleiben, so bist du vor Kälte und dem bösen Wetter geschützt.« Sobald der Tag graute, ließen ihn die beiden Kinder hinaus, und er trabte über den Schnee in den Wald hinein. Von nun an kam der Bär jeden Abend zu der bestimmten Stunde, legte sich an den Herd und erlaubte den Kindern, Kurzweil mit ihm zu treiben, soviel sie wollten; und sie waren so gewöhnt an ihn, daß die Tür nicht eher zugemacht wurde, als bis der schwarze Geselle angelangt war.

Als das Frühjahr herangekommen und draußen alles grün war, sagte der Bär eines Morgens zu Schneeweißchen: »Nun muß ich fort und darf den ganzen Sommer nicht wiederkommen.« – »Wo gehst du denn hin, lieber Bär?« fragte Schneeweißchen. »Ich muß in den Wald und meine Schätze vor den bösen Zwergen hüten; im Winter, wenn die Erde hart gefroren ist, müssen sie wohl unten bleiben und können sich nicht durcharbeiten. Aber jetzt, wenn die Sonne die Erde aufgetaut und erwärmt hat, da brechen sie durch, steigen herauf, suchen und stehlen. Was einmal in ihren Händen ist und in ihren Höhlen liegt, das kommt so leicht nicht wieder an des Tages Licht.« Schneeweißchen war ganz traurig über den Abschied, und als es dem Bären die Tür aufriegelte und er sich hinausdrängte, blieb er an dem Türhaken hängen, und ein Stück seiner Haut riß auf, und da war es Schneeweißchen, als hätte es Gold durchschimmern gesehen; aber es war seiner Sache nicht gewiß. Der Bär lief eilig fort und war bald hinter den Bäumen verschwunden.

Der Bär aber fing zu sprechen an und sagte: »Fürchtet euch nicht, ich tue euch nichts zuleide . . .«

Nach einiger Zeit schickte die Mutter die Kinder in den Wald, Reisig zu sammeln. Da fanden sie draußen einen großen Baum, der lag gefällt auf dem Boden, und an dem Stamm sprang zwischen dem Gras etwas auf und ab, sie konnten aber nicht unterscheiden, was es war. Als sie näher kamen, sahen sie einen Zwerg mit einem alten, verwelkten Gesicht und einem ellenlangen, schneeweißen Bart. Das Ende des Bartes war in eine Spalte des Baumes eingeklemmt, und der Kleine sprang hin und her wie ein Hündchen an einem Seil und wußte nicht, wie er sich helfen sollte. Er glotzte die Mädchen mit seinen roten, feurigen Augen an und schrie: »Was steht ihr da! Könnt ihr nicht herbeigehen und mir Beistand leisten?« – »Was hast du angefangen, kleines Männchen?« fragte Rosenrot. – »Dumme, neugierige Gans«, antwortete der Zwerg, »den Baum habe ich mir spalten wollen, um kleines Holz in der Küche zu haben; bei den dicken Klötzen verbrennt gleich das bißchen Speise, das unsereiner braucht, der nicht soviel hinunterschlingt wie ihr, grobes, gieriges Volk. Ich hatte den Keil schon glücklich hineingetrieben, und es wäre alles nach Wunsch gegangen, aber das verwünschte Holz war zu glatt und sprang unversehens heraus, und der Baum fuhr so geschwind zusammen, daß ich meinen schönen weißen Bart nicht mehr herausziehen konnte; nun steckt er drin, und ich kann nicht fort. Da lachen die albernen Milchgesichter! Pfui, was seid ihr garstig!« Die Kinder gaben sich alle Mühe, aber sie konnten den Bart nicht herausziehen, er steckte zu fest. »Ich will laufen und Leute herbeiholen«, sagte Rosenrot. – »Wahnsinnige Schafsköpfe«, schnarrte der Zwerg, »wer wird gleich Leute herbeirufen, ihr seid mir schon um zwei zuviel; fällt euch nichts Besseres ein?« – »Sei nur nicht ungeduldig«, sagte Schneeweißchen, »ich will schon Rat schaffen«, holte sein Scherchen aus der Tasche und schnitt das Ende des Bartes ab. Sobald sich der Zwerg frei fühlte, griff er nach seinem Sack, der zwischen den Wurzeln des Baumes steckte und mit Gold gefüllt war, hob ihn heraus und brummte vor sich hin: »Ungehobeltes Volk, schneidet mir ein Stück von meinem stolzen Barte ab! Lohn's euch der Kuckuck!« Damit schwang er seinen Sack auf den Rücken und ging fort, ohne die Kinder auch nur noch einmal anzusehen.

Einige Zeit danach wollten Schneeweißchen und Rosenrot ein Gericht Fische angeln. Als sie nahe bei dem Bach waren, sahen sie, daß etwas wie eine große Heuschrecke zum Wasser hüpfte, als wollte es hineinspringen. Sie liefen heran und erkannten den Zwerg. »Wo willst du hin?« fragte Rosenrot, »du willst doch nicht ins Wasser?« – »Solch ein Narr bin ich nicht«, schrie der Zwerg, »seht ihr nicht, der verwünschte Fisch will mich hineinziehen!« Der Kleine hatte dagesessen und geangelt, und unglücklicherweise hatte der Wind seinen Bart mit der Angelschnur verflochten; als gleich darauf ein großer Fisch anbiß, fehlten dem schwachen Geschöpf die Kräfte, ihn herauszuziehen: der Fisch behielt die Oberhand und riß den Zwerg zu sich hin. Zwar hielt er sich an allen Halmen und Binsen, aber das half nicht viel, er mußte den Bewegungen des Fisches folgen und war in beständiger Gefahr, ins Wasser gezogen zu werden. Die Mädchen kamen zur rechten Zeit, hielten ihn fest und versuchten, den Bart von der Schnur loszumachen, aber vergebens: Bart und Schnur waren fest ineinander verwirrt. Es blieb nichts übrig, als das Scherchen hervorzuholen und den Bart abzuschneiden, wobei ein kleiner Teil desselben verlorenging. Als der Zwerg das sah, schrie er sie an: »Ist das Manier, ihr Lorche, einem das Gesicht zu schänden? Nicht genug, daß ihr meinen Bart unten abgestutzt habt, jetzt schneidet ihr mir auch noch den besten Teil davon ab; ich darf mich vor den Meinigen gar nicht sehen lassen. Daß ihr laufen müßtet und die Schuhsohlen verloren hättet!« Dann holte er einen Sack Perlen, der im Schilfe lag, und ohne ein Wort weiter zu sagen, schleppte er ihn fort und verschwand hinter einem Stein.

Es trug sich zu, daß bald danach die Mutter die beiden Mädchen in die Stadt schickte, Zwirn, Nadeln, Schnüre und Bänder einzukaufen. Der

Weg führte sie über eine Heide, auf der hier und da mächtige Felsenstücke verstreut lagen. Da sahen sie einen großen Vogel in der Luft schweben, der langsam über ihnen kreiste, sich immer tiefer herabsenkte und endlich nicht weit bei einem Felsen niederstieß. Gleich darauf hörten sie einen durchdringenden, jämmerlichen Schrei. Sie liefen herzu und sahen mit Schrekken, daß ein Adler ihren alten Bekannten, den Zwerg, gepackt hatte und ihn forttragen wollte. Die mitleidigen Kinder hielten gleich das Männchen fest und zerrten sich so lange mit dem Adler herum, bis er seine Beute fahrenließ. Als der Zwerg sich von seinem ersten Schrecken erholt hatte, schrie er mit seiner kreischenden Stimme: »Konntet ihr nicht zarter umgehen? Gerissen habt ihr an meinem dünnen Röckchen, daß es überall zerfetzt und durchlöchert ist, unbeholfenes und täppisches Gesindel, das ihr seid!« Dann nahm er einen Sack mit Edelsteinen und schlüpfte wieder unter den Felsen in seine Höhle. Die Mädchen waren an seinen Undank schon gewöhnt, setzten ihren Weg fort und verrichteten ihr Geschäft in der Stadt. Als sie beim Heimweg wieder auf die Heide kamen, überraschten sie den Zwerg, der auf einem reinlichen Plätzchen seinen Sack mit Edelsteinen ausschüttete und nicht gedacht hatte, daß so spät noch jemand daherkommen würde. Die Abendsonne schien über die glänzenden Steine, sie schimmerten und leuchteten so prächtig in allen Farben, daß die Kinder stehenblieben und sie betrachteten. »Was steht ihr da und haltet Maulaffen feil!« schrie der Zwerg, und sein aschgraues Gesicht war zinnoberrot vor Zorn. Er wollte mit seinen Scheltworten fortfahren, als sich ein lautes Brummen hören ließ und ein schwarzer Bär aus dem Walde herbeitrabte. Erschrocken sprang der Zwerg auf, aber er konnte nicht mehr zu seinem Schlupfwinkel gelangen, der Bär war schon in seiner Nähe. Da rief er in Herzensangst: »Lieber Herr Bär, verschont mich, ich will Euch alle meine Schätze geben, seht, die schönen Edelsteine, die da liegen! Schenkt mir das Leben, was habt Ihr an mir kleinem, schmächtigem Kerl! Ihr spürt mich nicht zwischen den Zähnen; da, die beiden gottlosen Mädchen packt, das sind für Euch zarte Bissen, fette junge Wachteln, die freßt in Gottes Namen!« Der Bär kümmerte sich nicht um seine Worte, gab dem boshaften Geschöpf einen einzigen Schlag mit der Tatze, und es regte sich nicht mehr.

Die Mädchen waren fortgesprungen, aber der Bär rief ihnen nach: »Schneeweißchen und Rosenrot, fürchtet euch nicht, ich will mit euch gehen!« Da erkannten sie seine Stimme und blieben stehen, und als der Bär bei ihnen war, fiel plötzlich die Bärenhaut ab, und er stand da als ein schöner Mann und war ganz in Gold gekleidet. »Ich bin eines Königs Sohn«, sprach er, »und war von dem gottlosen Zwerg, der meine Schätze gestohlen hatte, verwünscht, als ein wilder Bär im Wald zu leben, bis ich durch seinen Tod erlöst wurde. Jetzt hat er seine wohlverdiente Strafe empfangen.«

Schneeweißchen wurde mit ihm vermählt und Rosenrot mit seinem Bruder, und sie teilten die großen Schätze, die der Zwerg in seiner Höhle zusammengetragen hatte. Die alte Mutter lebte noch lange Jahre glücklich bei ihren Kindern. Die zwei Rosenbäume aber nahm sie mit, und sie standen vor ihrem Fenster und trugen jedes Jahr die schönsten Rosen, weiß und rot.

Die Bremer Stadtmusikanten

Es hatte ein Mann einen Esel, der schon lange Jahre unverdrossen die Säcke zur Mühle getragen hatte, dessen Kräfte aber nun zu Ende gingen, so daß er zur Arbeit immer untauglicher wurde. Da dachte der Herr daran, ihn aus dem Futter zu schaffen. Aber der Esel merkte, daß kein guter Wind wehte, lief fort und machte sich auf den Weg nach Bremen; dort, meinte er, könnte er ja Stadtmusikant werden. Als er ein Weilchen gegangen war, fand er einen Jagdhund auf dem Wege liegen, der jappte wie einer, der sich müde gelaufen hat.

»Nun, was japst du so, Packan?« fragte der Esel. – »Ach«, sagte der Hund, »weil ich alt bin und jeden Tag schwächer werde und auch für die Jagd nicht mehr tauge, hat mich mein Herr totschlagen wollen. Da hab' ich Reißaus genommen. Aber womit soll ich nun mein Brot verdienen?« – »Weißt du, was«, sprach der Esel, »ich gehe nach Bremen und werde dort Stadtmusikant. Geh mit und laß dich auch bei der Musik annehmen. Ich spiele die Laute, und du schlägst die Pauke.« Der Hund war's zufrieden, und sie gingen weiter.

Es dauerte nicht lange, so saß da eine Katze an dem Weg und machte ein Gesicht wie drei Tage Regenwetter. »Nun, was ist dir in die Quere gekommen, alter Bartputzer?« sprach der Esel. – »Wer kann da lustig sein, wenn's einem an den Kragen geht«, antwortete die Katze, »weil ich nun alt bin, meine Zähne stumpf werden und ich lieber hinter dem Ofen sitze und spinne, als nach Mäusen herumzujagen, hat mich meine Frau ertränken wollen. Ich habe mich zwar noch fortgemacht, aber nun ist guter Rat teuer: Wo soll ich hin?« – »Geh mit uns nach Bremen, du verstehst dich doch auf die Nachtmusik, da kannst du ein Stadtmusikant werden.« Die Katze hielt das für gut und ging mit.

Darauf kamen die drei Landesflüchtigen an einem Hof vorbei, da saß auf dem Hof der Haushahn und schrie aus Leibeskräften. »Du schreist einem durch Mark und Bein«, sprach der Esel, »was hast du vor?« – »Da hab' ich gutes Wetter prophezeit«, sprach der Hahn, »weil Unserer Lieben Frau Tag ist, wo sie dem Christkindlein die Hemdchen gewaschen hat und sie trocknen will. Aber weil morgen zum Sonntag Gäste kommen, so hat die Hausfrau doch kein Erbarmen und hat der Köchin gesagt, sie wollte mich morgen in der Suppe essen, und da soll ich mir heut' abend den Kopf abschneiden lassen. Nun schrei' ich aus vollem Halse, solang ich kann.« – »Ei was, du Rotkopf«, sagte der Esel, »zieh lieber mit uns fort, wir gehen nach Bremen, etwas Besseres als den Tod findest du überall. Du hast eine gute Stimme, und wenn wir zusammen musizieren, so wird es gut klingen.« Der Hahn ließ sich den Vorschlag gefallen, und so gingen alle vier zusammen fort.

Sie konnten aber die Stadt Bremen in einem Tag nicht erreichen und kamen abends in einen Wald, wo sie übernachten wollten. Der Esel und der Hund legten sich unter einen großen Baum, die Katze und der Hahn setzten sich in die Äste, der Hahn aber flog bis in die Spitze, wo es am sichersten für ihn war. Ehe er einschlief, schaute er sich noch einmal nach allen vier Windrichtungen um und sah in der Ferne ein Fünkchen brennen. Er rief seinen Gesellen zu, es müßte nicht gar weit ein Haus sein, denn es scheine ein Licht. Da sprach der Esel: »So wollen wir uns aufmachen und hingehen, denn hier ist die Herberge schlecht.« Der Hund meinte: »Ein paar Knochen und etwas Fleisch dran täten mir auch gut.« Also machten sie sich auf den Weg nach der Gegend, wo das Licht war, und sahen es bald heller schimmern, und es wurde immer größer, bis sie vor ein hell erleuchtetes Räuberhaus kamen. Der Esel, als der größte, näherte

»Was siehst du, Grauschimmel?« fragte der Hahn. »Was ich sehe? Einen gedeckten Tisch mit gutem Essen und Trinken und Räuber sitzen daran und lassen sich's wohl sein.«

sich dem Fenster und schaute hinein. »Was siehst du, Grauschimmel?« fragte der Hahn. – »Was ich sehe? Einen gedeckten Tisch mit gutem Essen und Trinken, und Räuber sitzen daran und lassen sich's wohl sein.« – »Das wäre was für uns«, sprach der Hahn. »Ja, ja, ach, wären wir da!« sagte der Esel. Da ratschlagten die Tiere, wie sie es anfangen müßten, um die Räuber hinauszujagen, und fanden endlich einen Weg. Der Esel mußte sich mit den Vorderfüßen auf das Fenster stellen, der Hund auf des Esels Rücken springen, die Katze auf den Hund klettern, und endlich flog der Hahn hinauf und setzte sich der Katze auf den Kopf. Wie das geschehen war, fingen sie alle auf ein Zeichen an, Musik zu machen: Der Esel schrie, der Hund bellte, die Katze miaute, der Hahn krähte. Dann stürzten sie durch das Fenster in die Stube hinein, daß die Scheiben klirrten. Die Räuber fuhren bei dem entsetzlichen Geschrei in die Höhe, meinten nicht anders, als ein Gespenst käme herein, und flohen in größter Angst in den Wald hinaus. Nun setzten sich die vier Gesellen an den Tisch, nahmen mit dem vorlieb, was übriggeblieben war, und aßen, als wenn sie Wochen hungern sollten.

Wie die vier Spielleute fertig waren, löschten sie das Licht aus und suchten sich eine Schlafstelle, jeder nach seiner Natur und Bequemlichkeit. Der Esel legte sich auf den Misthaufen, der Hund hinter die Tür, die Katze auf den Herd bei der warmen Asche, und der Hahn setzte sich auf den Hahnenbalken; und weil sie müde waren von ihrem langen Weg, schliefen sie auch bald ein. Als Mitternacht vorbei war und die Räuber von weitem sahen, daß kein Licht mehr im Haus brannte und auch alles ruhig schien, sprach der Hauptmann: »Wir hätten uns doch nicht sollen ins Bockshorn jagen lassen«, und hieß einen von seinen Gesellen hingehen und das Haus untersuchen. Der Räuber fand alles still, ging in die Küche, ein Licht anzuzünden, und weil er die glühenden, feurigen Augen der Katze für glosende Kohlen ansah, hielt er ein Schwefelhölzchen daran, daß es Feuer fangen sollte. Aber die Katze verstand keinen Spaß, sprang ihm ins Gesicht, spie und kratzte. Da erschrak er gewaltig, lief und wollte zur Hintertür hinaus, aber der Hund, der da lag, sprang auf und biß ihn ins Bein, und als er über den Hof an dem Misthaufen vorbeirannte, gab ihm der Esel noch einen tüchtigen Schlag mit dem Hinterfuß. Der Hahn aber, der von dem Lärm aus dem Schlaf geweckt und munter geworden war, rief vom Balken herab: »Kikeriki!« Da lief der Räuber, was er konnte, zu seinem Hauptmann zurück und sprach: »Ach, in dem Haus sitzt eine greuliche Hexe, die hat mich angepfaucht und mir mit ihren langen Fingern das Gesicht zerkratzt. Und vor der Tür steht ein Mann mit einem Messer, der hat mich ins Bein gestochen. Und auf dem Hof liegt ein schwarzes Ungetüm, das hat mit einer Holzkeule auf mich losgeschlagen. Und oben auf dem Dache, da sitzt der Richter, der rief: ›Bringt mir den Schelm her!‹ Da machte ich, daß ich fortkam.«

Von nun an getrauten sich die Räuber nie mehr in das Haus. Den vier Bremer Musikanten gefiel's aber so gut darin, daß sie nicht wieder heraus wollten.

Der Bärenhäuter

Es war einmal ein junger Kerl, der ließ sich als Soldat anwerben, hielt sich tapfer und war immer der Vorderste, wenn es Kugeln regnete. Solange der Krieg dauerte, ging alles gut, aber als Friede geschlossen war, erhielt er seinen Abschied, und der Hauptmann sagte, er könnte gehen, wohin er wollte. Seine Eltern waren tot, und er hatte keine Heimat mehr; da ging er zu seinen Brüdern und bat, sie möchten ihm solange Unterhalt geben, bis der Krieg wieder anfinge. Die Brüder aber waren hartherzig und sagten: »Was sollen wir mit dir? Wir können dich nicht brauchen, sieh zu, wie du dich durchschlägst!« Der Soldat hatte nichts anderes als sein Gewehr, das nahm er auf die Schulter und wollte in die Welt gehen. Er kam auf eine große Heide, auf der nichts zu sehen war als ein Ring von Bäumen; darunter setzte er sich ganz traurig nieder und sann über sein Schicksal nach. »Ich habe kein Geld«, dachte er, »ich habe nichts gelernt als das Kriegshandwerk, und jetzt, weil Friede geschlossen ist, brauchen sie mich nicht mehr; ich sehe voraus, ich muß verhungern.«

Auf einmal hörte er ein Brausen, und wie er sich umblickte, stand ein unbekannter Mann vor ihm, der einen grünen Rock trug, recht stattlich aussah, aber einen garstigen Pferdefuß hatte. »Ich weiß schon, was dir fehlt«, sagte der Mann, »Geld und Gut sollst du haben, soviel du mit aller Gewalt durchbringen kannst; aber ich muß zuvor wissen, ob du dich nicht fürchtest, damit ich mein Geld nicht umsonst ausgebe.« – »Ein Soldat und Furcht, wie paßt das zusammen?« antwortete er, »du kannst mich auf die Probe stellen.« – »Wohlan«, antwortete der Mann, »schau hinter dich!« Der Soldat kehrte sich um und sah einen großen Bären, der brummend auf ihn zutrabte. »Oho«, rief der Soldat, »dich will ich in der Nase kitzeln, daß dir die Lust zum Brummen vergehen soll!«, legte an und schoß dem Bären auf die Schnauze, daß er umfiel und sich nicht mehr regte. »Ich sehe wohl«, sagte der Fremde, »daß dir's an Mut nicht fehlt, aber es ist noch eine Bedingung dabei, die mußt du erfüllen.« – »Wenn mir's an meiner Seligkeit nicht schadet«, antwortete der Soldat, der wohl merkte, wen er vor sich hatte, »sonst lass' ich mich auf nichts ein.«

»Das wirst du selbst sehen«, antwortete der Grünrock, »du darfst in den nächsten sieben Jahren dich nicht waschen, dir Bart und Haare nicht kämmen, die Nägel nicht schneiden und kein Vaterunser beten. Dann will ich dir einen Rock und Mantel geben, den mußt du in dieser Zeit tragen. Stirbst du in diesen sieben Jahren, so bist du mein, bleibst du aber leben, so bist du frei und bist dazu reich für dein Lebtag.«

Der Soldat dachte an die große Not, in der er sich befand, und da er so oft in den Tod gegangen war, wollte er es auch jetzt wagen und willigte ein. Der Teufel zog den grünen Rock aus, reichte ihn dem Soldaten hin und sagte: »Wenn du den Rock an deinem Leibe hast und in die Tasche greifst, so wirst du die Hand immer voll Geld haben.« Dann zog er dem Bären die Haut ab und sagte: »Das soll dein Mantel sein und auch dein Bett, denn darauf mußt du schlafen und darfst in kein anderes Bett kommen. Und dieser Tracht wegen sollst du ›Bärenhäuter‹ heißen.« Hierauf verschwand der Teufel.

Der Soldat zog den Rock an, griff gleich in die Tasche und fand, daß die Sache ihre Richtigkeit hatte. Dann hing er die Bärenhaut um, ging in die Welt, war guter Dinge und unterließ nichts, was ihm wohltat. Im ersten Jahr ging es noch leidlich, aber im zweiten sah er schon aus wie ein Ungeheuer. Das Haar bedeckte ihm fast das ganze Gesicht, sein Bart glich einem Stück grobem Filztuch, seine Finger hatten Krallen, und sein Gesicht war so mit Schmutz bedeckt, daß, wenn man Kresse hineingesät hätte, sie aufgegangen wäre. Wer ihn sah, lief fort, weil er aber allerorten den Armen Geld gab, damit sie für ihn beteten, daß er in diesen sieben Jahren nicht stürbe, und weil er alles gut bezahlte, so erhielt er doch immer noch Herberge.

Im vierten Jahr kam er in ein Wirtshaus, da wollte ihn der Wirt nicht aufnehmen und wollte ihm nicht einmal einen Platz im Stall anweisen, weil er fürchtete, seine Pferde würden scheu werden. Doch als der Bärenhäuter in die Tasche griff und eine Handvoll Dukaten herausholte, so ließ der Wirt sich doch erweichen und gab ihm eine Stube im Hintergebäude; doch mußte er versprechen, sich nicht sehen zu lassen, damit das Wirtshaus nicht in schlechten Ruf käme.

Als der Bärenhäuter abends allein saß und von Herzen wünschte, daß die sieben Jahre um wären, hörte er in einem Nebenzimmer ein lautes Jammern. Er hatte ein mitleidiges Herz, öffnete die Tür und erblickte einen alten Mann, der heftig weinte und die Hände über dem Kopf zusammenschlug. Der Bärenhäuter trat näher, aber der Mann sprang auf und wollte entfliehen. Endlich, als er eine menschliche Stimme vernahm, ließ er sich bewegen, und durch freundliches Zureden brachte es der Bärenhäuter dahin, daß er ihm die Ursache seines Kummers offenbarte. Sein Vermögen war nach und nach geschwunden, er und seine Töchter mußten darben, und er war so arm, daß er den Wirt nicht einmal bezahlen konnte und ins Gefängnis gesetzt werden sollte. »Wenn Ihr weiter keine Sorge habt«, sagte der Bärenhäuter, »Geld habe ich genug.« Er ließ den Wirt herbeikommen, bezahlte ihn und steckte dem Unglücklichen noch einen Beutel voll Gold in die Tasche.

Als der alte Mann sich aus seinen Sorgen erlöst sah, wußte er nicht, womit er sich dankbar erweisen sollte. »Kommt mit mir«, sprach er zu ihm, »meine Töchter sind Wunder von Schönheit, wähle dir eine davon zur Frau. Wenn sie hört, was du für mich getan hast, so wird sie sich nicht weigern. Du siehst freilich ein wenig seltsam aus, aber sie wird dich schon wieder in Ordnung bringen.« Dem Bärenhäuter gefiel das wohl, und er ging mit. Als des Mannes älteste Tochter ihn erblickte, entsetzte sie sich so gewaltig vor seinem Antlitz, daß sie aufschrie und fortlief. Die zweite blieb zwar stehen und betrachtete ihn vom Kopf bis zu den Füßen, dann aber sprach sie: »Wie kann ich einen Mann nehmen, der keine menschliche Gestalt mehr hat? Da gefiel mir der rasierte Bär noch besser, der einmal hier zu sehen war und sich für einen Menschen ausgab, der hatte doch einen Husarenpelz an und weiße Handschuhe. Wenn er nur häßlich wäre, so könnte ich mich an ihn gewöhnen.«

Die jüngste aber sprach: »Lieber Vater, das muß ein guter Mann sein, der Euch aus der Not geholfen hat, habt ihr ihm dafür eine Braut versprochen, so muß Euer Wort gehalten werden.« Es war schade, daß das Gesicht des Bärenhäuters von Schmutz und Haaren bedeckt war, sonst hätte man sehen können, wie ihm das Herz im Leibe lachte, als er diese Worte hörte. Er nahm seinen Ring von seinem Finger, brach ihn entzwei und gab ihr die eine Hälfte, die andere behielt er für sich. In ihre Hälfte aber schrieb er seinen Namen, und in seine Hälfte schrieb er ihren Namen und bat sie, ihr Stück aufzuheben. Hierauf nahm er Abschied und sprach: »Ich muß noch drei Jahre wandern, komm' ich aber nicht wieder, so bist du frei, weil ich dann tot bin. Bitte aber Gott, daß er mir das Leben erhält.«

Die arme Braut kleidete sich ganz schwarz, und wenn sie an ihren Bräutigam dachte, so kamen ihr die Tränen in die Augen. Von ihren Schwestern ward ihr nichts als Hohn und Spott zuteil. »Nimm dich in acht«, sagte die älteste, »wenn du ihm die Hand reichst, so schlägt er dir mit der Tatze darauf.« – »Hüte dich«, sagte die zweite, »die Bären lieben die Süßigkeit, und wenn du ihm gefällst, so frißt er dich auf. Aber die Hochzeit wird lustig sein, die Bären tanzen gut.« Die Braut schwieg still und ließ sich nicht irremachen. Der Bärenhäuter aber zog in der

»Ich muß noch drei Jahre wandern, komm' ich aber nicht wieder,
so bist du frei, weil ich dann tot bin . . .«

Welt herum, von einem Ort zum andern, tat Gutes, wo er konnte, und gab den Armen reichlich, damit sie für ihn beteten. Endlich, als der letzte Tag von den sieben Jahren anbrach, ging er wieder hinaus auf die Heide und setzte sich unter den Ring von Bäumen. Nicht lange, so sauste der Wind, und der Teufel stand vor ihm und blickte ihn verdrießlich an; dann warf er ihm den alten Rock hin und verlangte seinen grünen zurück. »So weit sind wir noch nicht«, antwortete der Bärenhäuter, »erst sollst du mich reinigen.«

Der Teufel mochte wollen oder nicht, er mußte Wasser holen, den Bärenhäuter abwaschen, ihm die Haare kämmen und die Nägel schneiden. Hierauf sah er wie ein tapferer Krieger aus und war viel schöner als je zuvor.

Als der Teufel glücklich abgezogen war, wurde es dem Bärenhäuter ganz leicht ums Herz. Er ging in die Stadt, zog einen prächtigen Samtrock an, setzte sich in einen Wagen, der mit vier Schimmeln bespannt war, und fuhr zu dem Haus seiner Braut. Niemand erkannte ihn, der Vater hielt ihn für einen vornehmen Feldobristen und führte ihn in das Zimmer, wo seine Töchter saßen. Er mußte sich zwischen den beiden ältesten niederlassen; sie schenkten ihm Wein ein, legten ihm die besten Bissen vor und meinten, sie hätten keinen schöneren Mann auf der Welt gesehen. Die Braut aber saß im schwarzen Kleide ihm gegenüber, schlug die Augen nicht auf und sprach kein Wort. Als er endlich den Vater fragte, ob er ihm eine seiner Töchter zur Frau geben wolle, so sprangen die beiden älteren auf, liefen in ihre Kammer und wollten prächtige Kleider anziehen, denn jede bildete sich ein, sie wäre die Auserwählte. Der Fremde, sobald er mit seiner Braut allein war, holte den halben Ring hervor und warf ihn in einen Becher mit Wein, den er ihr über den Tisch reichte. Sie nahm ihn, aber als sie getrunken hatte und den halben Ring auf dem Grund liegen fand, so schlug ihr das Herz. Sie holte die andere Hälfte, die sie an einem Band um den Hals trug, hielt sie daran, und es zeigte sich, daß beide Teile vollkommen zueinander paßten. Da sprach er: »Ich bin dein verlobter Bräutigam, den du als Bärenhäuter gesehen hast, aber durch Gottes Gnaden habe ich meine menschliche Gestalt wieder erhalten und bin wieder rein geworden.« Er ging auf sie zu, umarmte sie und gab ihr einen Kuß. Nun kamen die beiden Schwestern in vollem Putz herein, und als sie sahen, daß der schöne Mann der jüngsten zuteil geworden war, und hörten, daß er der Bärenhäuter war, liefen sie voll Zorn und Wut hinaus; die eine ersäufte sich im Brunnen, die andere erhenkte sich an einem Baum. Am Abend klopfte jemand an die Tür, und als der Bräutigam öffnete, war's der Teufel im grünen Rock; der sprach: »Siehst du, nun habe ich zwei Seelen für deine eine.«

Von dem Fischer und seiner Frau

Es war ein Fischer und seine Frau, die wohnten zusammen in einem Pißpott, dicht an der See, und der Fischer ging alle Tage hin und angelte. Und er angelte und angelte.

So saß er auch einmal bei der Angel und sah immer in das klare Wasser hinein. Und er saß und saß.

Da ging die Angel auf den Grund, tief unter, und als er sie heraufholte, so zog er einen großen Butt heraus. Und der Butt sprach zu ihm: »Höre, Fischer, ich bitte dich, laß mich leben, ich bin kein echter Butt, sondern ein verwünschter Königssohn. Was hilft es dir, daß du mich tötest? Ich würde dir doch nicht richtig schmekken. Setz mich wieder ins Wasser, und laß mich schwimmen.«

»Nun«, sagte der Mann, »du brauchst nicht soviel Wort zu machen. Einen Butt, der sprechen kann, hätte ich doch wohl wieder schwimmen lassen.« Und damit setzte er ihn in das klare Wasser. Der Butt ging auf den Grund und ließ einen langen Streifen Blut hinter sich. Der Fischer aber stand auf und ging zu seiner Frau in den Pißpott.

»Mann«, sagte die Frau, »hast du heute nichts gefangen?«

»Nein«, sagte der Mann. »Ich fing einen Butt, der sagte, er wäre ein verwunschener Königssohn. Da habe ich ihn wieder schwimmen lassen.«

»Hast du dir denn nichts gewünscht?« sagte die Frau.

»Nein«, sagte der Mann. »Was soll ich mir wünschen?«

»Ach«, sagte die Frau, »das ist doch übel, hier immer in dem Pißpott zu wohnen. Das stinkt und ist so eklig. Du hättest uns doch eine kleine Hütte wünschen können. Geh nochmals hin und ruf ihn. Sag ihm, wir wollen eine kleine Hütte haben. Er tut es gewiß.«

»Ach«, sagte der Mann, »was soll ich da wieder hingehen?«

»I«, sagte die Frau. »Du hast ihn doch gefangen und hast ihn wieder schwimmen lassen. Er tut es gewiß. Geh gleich hin.«

Der Mann wollte noch nicht recht, wollte aber seiner Frau auch nichts erwidern und ging nach der See.

Als er dorthin kam, war die See ganz grün und gelb und gar nicht mehr so klar. So blieb er stehen und sagte:

»Manntje, Manntje, Timpe Te,
Buttje, Buttje in der See,
meine Frau, die Ilsebill,
will nicht so, wie ich wohl will.«

Da kam der Butt angeschwommen und sagte: »Na, was will sie denn?«

»Ach«, sagte der Mann, »ich hatte dich doch gefangen. Nun sagt meine Frau, ich hätte mir etwas wünschen sollen. Sie mag nicht mehr in dem Pißpott wohnen, sie will eine Hütte.« »Geh nur hin«, sagte der Butt, »sie hat sie schon.«

Da ging der Mann hin, und seine Frau saß nicht mehr in dem Pißpott. Da stand nun eine kleine Hütte, und seine Frau saß vor der Tür auf einer Bank. Da nahm ihn seine Frau bei der Hand und sagte zu ihm: »Komm nur herein, nun ist es doch viel besser.« Da gingen sie hinein, und in der Hütte war ein kleines Vorzimmer und eine kleine, herrliche Stube und eine Kammer, wo das Bett stand, und Küche und Speisezimmer, alles auf das beste und schönste mit Gerätschaften ausgestattet, mit Zinnzeug und Messing, was hinein gehört. Und dahinter war auch ein kleiner Hof mit Hühnern und Enten und ein kleiner Garten mit Gemüse und Obst.

»Schau«, sagte die Frau, »ist das nicht nett?«

»Ja«, sagte der Mann. »So soll es bleiben. Nun wollen wir recht vergnügt leben.«

Als er dahin kam, war die See ganz grün und gelb und gar nicht mehr so klar . . .

»Wir wollen es bedenken«, sagte die Frau. Darauf aßen sie etwas und gingen zu Bett.
So ging das wohl acht oder vierzehn Tage. Da sagte die Frau: »Hör, Mann, die Hütte ist doch gar zu eng. Und der Hof und der Garten sind so klein. Der Butt hätte uns ebenso ein größeres Haus schenken können. Ich möchte wohl in einem großen, steinernen Schloß wohnen. Geh hin zum Butt. Er soll uns ein Schloß schenken.«
»Ach, Frau«, sagte der Mann, »die Hütte ist doch gut genug. Was wollen wir in einem Schloß wohnen.«
»I was!« sagte die Frau. »Geh nur hin. Der Butt kann das wohl machen.«
»Nein, Frau«, sagte der Mann. »Der Butt hat uns doch die Hütte gegeben. Ich mag nicht schon wieder kommen. Es könnte den Butt verdrießen.«
»Geh doch«, sagte die Frau. »Er kann das recht gut und tut es gern. Geh du nur hin.«
Dem Mann war das Herz so schwer, denn er wollte nicht. Er sprach zu sich selbst: »Das ist nicht recht.« Er ging aber doch hin.
Als er an die See kam, war das Wasser ganz violett und dunkelblau und grau und dick und gar nicht mehr so grün und gelb. Aber es war noch still. Da blieb er stehen und sagte:

»Manntje, Manntje, Timpe Te,
Buttje, Buttje in der See,
meine Frau, die Ilsebill,
will nicht so, wie ich wohl will.«

»Na, was will sie denn?« sagte der Butt.
»Ach«, sagte der Mann halb betrübt, »sie will in einem großen steinernen Schloß wohnen.«
»Geh nur hin, sie steht vor der Tür«, sagte der Butt.
Da ging der Mann hin und dachte, er wollte nach Hause gehen. Als er aber hinkam, so stand dort ein großer, steinerner Palast, und seine Frau stand eben auf der Treppe und wollte hineingehen. Da nahm sie ihn bei der Hand und sagte: »Komm nur herein.« Und er ging mit ihr hinein, und in dem Schloß war eine große Diele mit marmorsteinernem Flur, und da waren so viele Bediente, die rissen die großen Türen auf, und die Wände waren ganz blank und mit schönen Tapeten und in den Zimmern lauter goldene Stühle und Tische, und kristallene Kronleuchter hingen von der Decke, und in allen Stuben und Kammern waren Teppiche, und das Essen und der allerbeste Wein stand auf den Tischen, als ob sie brechen sollten. Hinter dem Haus war auch ein großer Hof mit Pferde- und Kuhstall und Kutschwagen. Auch war da ein großer, herrlicher Garten mit den schönsten Blumen und mit feinen Obstbäumen und ein Wäldchen, wohl eine halbe Meile lang, da waren Hirsche und Rehe und Hasen darin und alles, was man sich nur wünschen mag. »Na«, sagte die Frau, »ist das nicht schön?«
»Ach ja«, sagte der Mann. »So soll es auch bleiben. Nun wollen wir in dem schönen Schloß wohnen und zufrieden sein.«
»Wir wollen uns bedenken«, sagte die Frau, »und wollen es beschlafen.« Und damit gingen sie zu Bett.
Am anderen Morgen wachte die Frau zuerst auf. Es war gerade Tag, und sie sah von ihrem Bett aus das herrliche Land vor sich liegen. Der Mann reckte sich noch, da stieß sie ihm den Ellbogen in die Seite und sagte: »Mann, steh auf und schau mal aus dem Fenster. Sieh, könnten wir nicht König werden über all dieses Land? Geh hin zum Butt, wie wollen König sein.«
»Ach Frau«, sagte der Mann, »was wollen wir König sein! Ich mag nicht König sein.«
»Na«, sagte die Frau, »willst du nicht König sein, so will ich König sein. Geh hin zum Butt, ich will König sein.«
»Ach Frau«, sagte der Mann, »was willst du König sein? Das mag ich ihm nicht sagen.«
»Warum nicht?« sagte die Frau. »Geh gleich hin, ich muß König sein.« Da ging der Mann hin und war ganz betrübt, daß seine Frau König werden wollte. »Das ist nicht recht und ist nicht recht«, dachte der Mann. Er wollte nicht hingehen, ging aber doch hin.
Als er an die See kam, da war die See ganz schwarzgrau, und das Wasser gärte so von un-

ten herauf und stank auch ganz faul. Da blieb er stehen und sagte:

»Manntje, Manntje, Timpe Te,
Buttje, Buttje in der See,
meine Frau, die Ilsebill,
will nicht so, wie ich wohl will.«

»Na, was will sie denn?« sagte der Butt.
»Ach«, sagte der Mann, »sie will König werden.«
»Geh man hin, sie ist es schon«, sagte der Butt.
Da ging der Mann hin, und als er zu dem Palast kam, so war das Schloß viel größer geworden, mit einem großen Turm und herrlichem Zierat daran: und die Schildwache stand vor der Tür, und da waren so viele Soldaten und Pauken und Trompeten. Und als er in das Haus kam, so war alles aus purem Marmorstein mit Gold und samtene Decken und große, goldene Quasten. Da gingen die Türen von dem Saal auf, in dem der ganze Hofstaat war, und seine Frau saß auf einem hohen Thron aus Gold und Diamanten und hatte eine große goldene Krone und das Zepter in der Hand aus purem Gold und Edelstein, und auf beiden Seiten standen sechs Jungfrauen in einer Reihe bei ihr, immer eine einen Kopf kleiner als die andere. Da ging er hin und sagte: »Ach, Frau, bist du nun König?«
»Ja«, sagte die Frau. »Nun bin ich König.«
Da stand er und schaute sie an, und als er sie so eine Weile angeschaut hatte, sagte er: »Ach, Frau, wie sieht das schön aus, wenn du König bist! Nun wollen wir auch nichts mehr wünschen.«
»Nein, Mann«, sagte die Frau und war ganz unruhig. »Mir wird die Zeit und Weile schon lang. Ich kann das nicht mehr aushalten. Geh hin zum Butt, König bin ich, nun muß ich auch Kaiser werden.«
»Ach, Frau«, sagte der Mann, »was willst du Kaiser werden?«
»Mann«, sagte sie, »geh zum Butt, ich will Kaiser sein.«
»Ach, Frau«, sagte der Mann, »Kaiser kann er nicht machen, ich mag das dem Butt nicht sagen. Kaiser gibt es nur einmal im Reich. Kaiser kann der Butt doch nicht machen, das kann und kann er nicht.«
»Was«, sagte die Frau, »ich bin König, und du bist mein Mann. Willst du wohl gleich hingehen? Kann er Könige machen, so kann er auch Kaiser machen. Ich will und will Kaiser sein. Gleich geh hin.«
Da mußte er hingehen. Als der Mann hinging, da war ihm ganz bange. Und als er so ging, dacht er bei sich: »Das geht und geht nicht gut. Kaiser ist zu unverschämt, der Butt wird es am Ende müde.« Damit kam er an die See. Da war die See ganz schwarz und dick und fing so von unten an zu gären, daß sie Blasen warf, und es ging ein solcher Sturm darüber hin, daß sie sich aufrührte. Und dem Mann graute es. Da stellte er sich hin und sagte:

»Manntje, Manntje, Timpe Te,
Buttje, Buttje in der See,
meine Frau, die Ilsebill,
will nicht so, wie ich wohl will.«

»Na, was will sie denn?« sagte der Butt.
»Ach, Butt«, sagte er, »meine Frau will Kaiser werden.«
»Geh nur hin«, sagte der Butt, »sie ist es schon.«
Da ging der Mann hin, und als er dort ankam, so war das ganze Schloß von poliertem Marmorstein mit alabasternen Figuren und goldenem Zierat. Vor der Tür marschierten die Soldaten, und sie bliesen Trompeten und schlugen Pauken und Trommeln. Aber im Hause, da gingen die Barone und Grafen und Herzöge als Bediente umher. Sie machten ihm die Türen auf, die aus purem Gold waren. Und als er hineinkam, da saß seine Frau auf einem Thron, der war aus einem einzigen Stück Gold und wahr wohl zwei Meilen hoch. Und sie hatte eine große goldene Krone auf, die war drei Ellen hoch und mit Brillanten und Karfunkelstein besetzt. In der einen Hand hatte sie das Zepter und in der anderen Hand den Reichsapfel, und auf beiden Seiten standen die Trabanten neben ihr in zwei Reihen, einer immer einen Kopf klei-

ner als der andere, von dem allergrößten Riesen, der war zwei Meilen groß, bis zu dem allerkleinsten Zwerg, der war nur so lang wie mein kleiner Finger. Und vor ihr standen so viele Fürsten und Herzöge. Da ging der Mann zwischen sie und sagte: »Frau, bist du Kaiser?«
»Ja«, sagte sie, »ich bin Kaiser.«
Da blieb er stehen und besah sie sich recht, und als er sie eine Weile besehen hatte, so sagte er: »Ach, Frau, wie ist das schön, wenn du Kaiser bist.«
»Mann«, sagte sie, »was stehst du da? Ich bin jetzt Kaiser, nun will ich aber auch Papst werden. Geh hin zum Butt.«
»Ach, Frau«, sagte der Mann, »was willst du denn nicht? Papst kannst du nicht werden, den Papst gibt es nur einmal in der Christenheit. Das kann er doch nicht machen.«
»Mann«, sagte sie, »ich will Papst werden. Geh gleich hin, ich muß heute noch Papst werden.«
»Nein, Frau«, sagte der Mann. »Das mag ich ihm nicht sagen. Das geht nicht gut, das ist zuviel, zum Papst kann der Butt dich nicht machen.«
»Mann, was für ein Geschwätz!« sagte die Frau. »Kann er Kaiser machen, kann er auch einen Papst machen. Geh sofort hin, ich bin Kaiser, und du bist mein Mann, willst du wohl hingehen?« Da wurde er bang und ging hin, ihm war ganz flau, und er zitterte und bebte, und die Knie und die Waden schwankten ihm. Und da strich so ein Wind übers Land, und die Wolken flogen, als ob es düster wurde und schon gegen Abend. Die Blätter wehten von den Bäumen, und das Wasser ging und brauste, als ob es kochte, und platschte ans Ufer. Und von fern sah er die Schiffe, die schossen in der Not und tanzten und sprangen auf den Wellen. Doch der Himmel war noch so ein bißchen blau in der Mitte. Aber an den Seiten zog es so recht rot auf, wie ein schweres Gewitter.
Da blieb er verzagt stehen und sagte:

»Manntje, Manntje, Timpe Te,
Buttje, Buttje in der See,
meine Frau, die Ilsebill,
will nicht so, wie ich wohl will.«

»Na, was will sie denn?« sagte der Butt.
»Ach«, sagte der Mann, »sie will Papst werden.«
»Geh nur hin, sie ist es schon«, sagte der Butt. Da ging er hin, und als er ankam, war da eine große Kirche, von lauter Palästen umgeben. Da drängte er sich durch das Volk. Inwendig war alles mit tausend und tausend Lichtern erleuchtet, und seine Frau war in pures Gold gekleidet und saß auf einem noch viel höheren Thron und hatte drei große goldene Kronen auf, und um sie herum war so viel von geistlichem Staat, und neben ihr auf beiden Seiten standen zwei Reihen Lichter, das größte so dick und groß wie der allerhöchste Turm, bis zum allerkleinsten Küchenlicht.
Und alle die Kaiser und Könige, die lagen vor ihr auf den Knien und küßten ihr die Pantoffel.
»Frau«, sagte der Mann und schaute sie so recht an, »bist du nun Papst?«
»Ja«, sagte sie, »ich bin Papst.«
Da stellte er sich hin und schaute sie richtig an, und das war, als ob er in die helle Sonne sah. Als er sie so eine gute Weile angeschaut hatte, da sagte er: »Ach, Frau, wie ist das schön, wenn du Papst bist!« Sie aber saß ganz steif wie ein Baum und rührte und regte sich nicht. Da sagte er: »Frau, sei nun zufrieden. Da du nun Papst bist, kannst du doch nichts mehr werden.«
»Ich will es mir bedenken«, sagte die Frau. Damit gingen sie beide zu Bett. Aber sie war nicht zufrieden, und die Habgier ließ sie nicht schlafen. Sie dachte immer, was sie noch werden wollte. Der Mann schlief recht gut und fest. Er war den Tag über viel gelaufen. Die Frau aber konnte gar nicht einschlafen und warf sich von einer Seite zu der anderen, die ganze Nacht, und dachte nur immer, was sie noch werden konnte und konnte sich doch auf nichts mehr besinnen. Da wollte gerade die Sonne aufgehen, und als sie das Morgenrot sah, richtete sie sich plötzlich im Bett auf und schaute dorthin, und als sie vor dem Fenster die Sonne so hinaufkom-

men sah, dachte sie: »Kann ich nicht auch die Sonne und den Mond aufgehen lassen? – Mann«, sagte sie und stieß ihn mit dem Ellbogen in die Rippen, »wach auf, geh hin zum Butt, ich will werden wie der liebe Gott.«
Der Mann war noch ganz im Schlaf, aber er erschrak so, daß er aus dem Bett fiel. Er meinte, er habe sich verhört, und rieb sich die Augen aus und sagte: »Ach, Frau, was hast du gesagt?«
»Mann«, sagte sie, »wenn ich nicht die Sonne und den Mond kann aufgehen lassen und muß das so ansehen, daß die Sonne und der Mond aufgehen – ich kann das nicht aushalten und habe keine ruhige Stunde mehr, wenn ich sie nicht selbst kann aufgehen lassen.«
Da schaute sie ihn so recht zornig an, daß ihn ein Schauder überlief. »Geh gleich hin! Ich will werden wie der liebe Gott.«
»Ach, Frau«, sagte der Mann und fiel vor ihr auf die Knie, »das kann der Butt nicht. Kaiser und Papst kann er machen. Ich bitte dich, geh in dich und bleib Papst.«
Da kam sie in die Bosheit. Die Haare flogen ihr wild um den Kopf, sie riß sich das Leibchen auf, gab ihm eines mit dem Fuß und schrie: »Ich halt' das nicht aus und halt' das nicht länger aus, willst du hingehen?« Da zog er sich die Hosen an und lief weg wie unsinnig.
Draußen aber ging der Sturm und brauste, daß der Mann kaum auf den Füßen stehen konnte. Die Häuser und Bäume wehten um, und die Berge bebten, und die Felsstücke rollten in die See, und der Himmel war ganz pechschwarz, und es donnerte und blitzte, und die See ging in schwarzen Wellen so hoch wie Kirchtürme und Berge, und die hatten oben alle eine weiße Krone von Schaum. Da schrie er und konnte sein eigenes Wort nicht hören:

»Manntje, Manntje, Timpe Te,
Buttje, Buttje in der See,
meine Frau, die Ilsebill,
will nicht so, wie ich wohl will.«

»Na, was will sie denn?« sagte der Butt.
»Ach«, sagte er, »sie will werden wie der liebe Gott.«
»Geh nur hin, sie sitzt schon wieder im Pißpott.«
Da sitzen sie noch bis auf diesen Tag.

Die Gänsehirtin am Brunnen

Es war einmal ein steinaltes Mütterchen, das lebte mit seiner Herde Gänse in einer Einöde zwischen Bergen und hatte da ein kleines Haus. Die Einöde war von einem großen Wald umgeben, und jeden Morgen nahm die Alte ihre Krücke und wackelte in den Wald. Da war das Mütterchen ganz geschäftig, mehr, als man ihm bei seinem hohen Alter zugetraut hätte: sammelte Gras für seine Gänse, pflückte das wilde Obst ab, so weit es mit den Händen reichen konnte, und trug alles auf seinem Rücken heim. Man hätte meinen sollen, die schwere Last müßte sie zu Boden drücken, aber sie brachte sie immer glücklich nach Hause. Wenn ihr jemand begegnete, so grüßte sie ganz freundlich: »Guten Tag, lieber Landsmann, heute ist schönes Wetter. Ja, Ihr wundert Euch, daß ich das Gras schleppe; aber jeder muß seine Last auf den Rücken nehmen.« Doch die Leute begegneten ihr nicht gerne und machten lieber einen Umweg, und wenn ein Vater mit seinem Knaben an ihr vorüberging, so sprach er leise zu ihm:

»Nimm dich in acht vor der Alten, die hat's faustdick hinter den Ohren: sie ist eine Hexe.« Eines Morgens ging ein hübscher, junger Mann durch den Wald. Die Sonne schien hell, die Vögel sangen, und ein kühles Lüftchen strich durch das Laub, und er war voll Freude und Lust. Noch war ihm kein Mensch begegnet, als er plötzlich die alte Hexe erblickte, die am Boden kniete und Gras mit einer Sichel abschnitt. Eine ganze Last hatte sie schon in ihr Tragtuch geschoben, und daneben standen zwei Körbe, die mit wilden Birnen und Äpfeln angefüllt waren. »Aber Mütterchen«, sprach er, »wie kannst du das alles fortschaffen?« – »Ich muß sie tragen, lieber Herr«, antwortete sie, »reicher Leute Kinder brauchen es nicht. Aber beim Bauer heißt's:

Schau dich nicht um,
dein Buckel ist krumm.

Wollt Ihr mir helfen? Ihr habt noch einen geraden Rücken und junge Beine, es wird Euch ein leichtes sein. Auch ist mein Haus nicht so weit von hier: hinter dem Berge dort steht es auf der Heide. Wie bald seid Ihr da hinaufgesprungen.« Der junge Mann empfand Mitleid mit der Alten. »Zwar ist mein Vater kein Bauer«, antwortete er, »sondern ein reicher Graf, aber damit Ihr seht, daß die Bauern nicht allein tragen können, so will ich Euer Bündel aufnehmen.« – »Wollt Ihr's versuchen«, sprach sie, »so soll mir's lieb sein. Eine Stunde weit werdet Ihr freilich gehen müssen, aber was macht Euch das aus! Dort die Äpfel und Birnen müßt Ihr auch tragen.« Es kam dem jungen Grafen doch ein wenig bedenklich vor, als er von einer Stunde Wegs hörte, aber die Alte ließ ihn nicht wieder los, packte ihm das Tragtuch auf den Rücken und hing ihm die beiden Körbe an den Arm. »Seht Ihr, es geht ganz leicht«, sagte sie. – »Nein, es geht nicht leicht«, antwortete der Graf und machte ein schmerzliches Gesicht, »das Bündel drückt ja so schwer, als wären lauter Wackersteine darin, die Äpfel und Birnen haben ein Gewicht, als wären sie von Blei; ich kann kaum atmen.« Er hatte Lust, alles wieder abzulegen, aber die Alte ließ es nicht zu. »Seht einmal«, sprach sie spöttisch, »der junge Herr will nicht tragen, was ich alte Frau schon so oft fortgeschleppt habe. Mit schönen Worten sind sie bei der Hand, aber wenn's ernst wird, so wollen sie sich aus dem Staub machen. Was steht Ihr da«, fuhr sie fort, »und zaudert, hebt die Beine auf! Es nimmt Euch niemand das Bündel wieder ab.« Solange er auf ebener Erde ging, war's noch auszuhalten, aber als sie an den Berg kamen und steigen mußten und die Steine hinter seinen Füßen hinabrollten, als wären sie lebendig, da ging's über seine Kräfte. Die Schweißperlen standen ihm auf der Stirn und liefen ihm bald heiß, bald kalt über den Rücken hinab. »Mütterchen«, sagte er, »ich kann nicht weiter, ich will ein wenig ruhen.« – »Nichts da«, antwortete die Alte, »wenn wir angelangt sind, so könnt Ihr ausruhen, aber jetzt müßt Ihr vorwärts. Wer weiß, wozu das gut ist!« – »Alte, du wirst unverschämt«, sagte der Graf und wollte das Tragtuch abwerfen, aber er bemühte sich vergeblich: es hing so fest an seinem Rücken, als wenn es angewachsen wäre. Er drehte und wendete sich, aber er konnte es nicht wieder loswerden. Die Alte lachte dazu und sprang ganz vergnügt auf ihrer Krücke herum. »Erzürnt Euch nicht, lieber Herr«, sprach sie, »Ihr werdet ja rot im Gesicht wie ein Zinshahn. Tragt Euer Bündel mit Geduld, wenn wir zu Hause angelangt sind, so will ich schon ein gutes Trinkgeld geben.« Was sollte er machen? Er mußte sich in sein Schicksal fügen und geduldig hinter der Alten herschleichen. Sie schien immer flinker zu werden und seine Last immer schwerer. Auf einmal tat sie einen Satz, sprang auf das Tragtuch und setzte sich oben darauf; obwohl sie zaundürr war, hatte sie doch mehr Gewicht als die dickste Bauerndirne. Dem Jüngling zitterten die Knie, aber wenn er nicht weiterging, so schlug ihn die Alte mit einer Gerte und mit Brennesseln auf die Beine. Unter beständigem Ächzen stieg er den Berg hinauf und langte endlich bei dem Haus der Alten an, als er eben niedersinken wollte. Als

die Gänse die Alte erblickten, streckten sie die Flügel in die Höhe und die Hälse voraus, liefen ihr entgegen und schrien »wulle, wulle«. Hinter der Herde, mit einer Rute in der Hand, ging ein bejahrtes Mädchen, stark und groß, aber häßlich wie die Nacht. »Frau Mutter«, sprach sie zur Alten, »ist Euch etwas begegnet, Ihr seid so lange ausgeblieben.« – »Bewahre, mein Töchterchen«, erwiderte sie, »mir ist nichts Böses begegnet, im Gegenteil, der liebe Herr, der hat mir meine Last getragen; denk dir, als ich müde war, hat er mich selbst noch auf den Rücken genommen. Der Weg ist uns auch gar nicht lang geworden, wir sind lustig gewesen und haben immer Spaß miteinander gemacht.« Endlich rutschte die Alte herab, nahm dem jungen Mann das Bündel vom Rücken und die Körbe vom Arm, sah ihn ganz freundlich an und sprach: »Nun setzt Euch auf die Bank vor die Tür, und ruht Euch aus. Ihr habt Euren Lohn redlich verdient, der soll auch nicht ausbleiben.« Dann sprach sie zu der Gänsehirtin: »Geh du ins Haus hinein, mein Töchterchen, es schickt sich nicht, daß du mit einem jungen Herrn allein bist, man muß nicht Öl ins Feuer gießen; er könnte sich in dich verlieben.«
Der Graf wußte nicht, ob er weinen oder lachen sollte. »Solch ein Schätzchen«, dachte er, »und wenn es dreißig Jahre jünger wäre, könnte es doch mein Herz nicht rühren.« Indessen hätschelte und streichelte die Alte ihre Gänse wie Kinder und ging dann mit ihrer Tochter in das Haus.
Der Jüngling streckte sich auf die Bank unter einem wilden Apfelbaum. Die Luft war lau und mild; ringsumher breitete sich eine grüne Wiese aus, die mit Himmelsschlüsseln, wildem Thymian und tausend anderen Blumen übersät war. Mittendurch rauschte ein klarer Bach, auf dem die Sonne glitzerte, und die weißen Gänse gingen auf und ab spazieren oder puddelten sich im Wasser. »Es ist recht lieblich hier«, sagte er, »aber ich bin müde, daß ich die Augen nicht aufbehalten mag: ich will ein wenig schlafen. Wenn nur kein Windstoß kommt und bläst mir meine Beine vom Leibe weg, denn sie sind mürb wie Zunder.«
Als er ein Weilchen geschlafen hatte, kam die Alte und schüttelte ihn wach. »Steh auf«, sagte sie, »hier kannst du nicht bleiben. Freilich habe ich dir's sauer genug gemacht, aber das Leben hat's doch nicht gekostet. Jetzt will ich dir deinen Lohn geben, Geld und Gut brauchst du nicht, da hast du etwas anderes.« Damit steckte sie ihm ein Büchslein in die Hand, das aus einem einzigen Smaragd geschnitten war. »Bewahr's wohl«, setzte sie hinzu, »es wird dir Glück bringen.« Der Graf sprang auf, und da er fühlte, daß er ganz frisch und wieder bei Kräften war, so dankte er der Alten für ihr Geschenk und machte sich auf den Weg. Als er schon eine Strecke weg war, hörte er noch aus der Ferne das lustige Geschrei der Gänse.
Der Graf irrte drei Tage in der Wildnis herum. Da kam er in eine große Stadt, und weil ihn niemand kannte, wurde er in das königliche Schloß geführt, wo der König und die Königin auf dem Thron saßen. Der Graf ließ sich auf ein Knie nieder, zog das smaragdene Gefäß aus der Tasche und legte es der Königin zu Füßen. Sie hieß ihn aufstehen, und er mußte ihr das Büchslein hinaufreichen. Kaum aber hatte sie es geöffnet und hineingeblickt, so fiel sie wie tot zur Erde. Der Graf wurde von den Dienern des Königs festgehalten und sollte in das Gefängnis geführt werden; da schlug die Königin die Augen auf und rief, sie sollten ihn freilassen und hinausgehen, sie wollte insgeheim mit ihm reden. Als die Königin allein war, fing sie bitterlich an zu weinen und sprach: »Was hilft mir Glanz und Ehre, die mich umgeben, jeden Morgen erwache ich mit Sorgen und Kummer. Ich habe drei Töchter gehabt, davon war die jüngste so schön, daß sie alle Welt für ein Wunder hielt. Sie war so weiß wie Schnee, so rot wie Apfelblüte und ihr Haar so glänzend wie Sonnenstrahlen. Wenn sie weinte, so fielen nicht Tränen aus ihren Augen, sondern lauter Perlen und Edelsteine. Als sie fünfzehn Jahre alt war, da ließ der König alle drei Schwestern vor seinen Thron kommen. Da

hättet Ihr sehen sollen, was die Leute für Augen machten, als die jüngste eintrat: es war, als wenn die Sonne aufging. Der König sprach: ›Meine Töchter, ich weiß nicht, wann mein letzter Tag kommt, ich will heute bestimmen, was eine jede nach meinem Tode erhalten soll. Ihr alle habt mich lieb, aber welche mich von euch am liebsten hat, die soll das Beste haben.‹ Jede sagte, sie hätte ihn am liebsten. ›Könnt ihr mir's nicht ausdrücken‹, erwiderte der König, ›wie lieb ihr mich habt? Daran werde ich sehen, wie ihr's meint.‹ Die älteste sprach: ›Ich habe den Vater so lieb wie den süßesten Zucker.‹ Die zweite: ›Ich habe den Vater so lieb wie mein schönstes Kleid.‹ Die jüngste aber schwieg. Da fragte der Vater: ›Und du, mein liebes Kind, wie lieb hast du mich?‹ – ›Ich weiß es nicht‹, antwortete sie, ›und kann meine Liebe mit nichts vergleichen.‹ Aber der Vater bestand darauf, sie müßte etwas nennen. Da sagte sie endlich: ›Die beste Speise schmeckt mir nicht ohne Salz, darum habe ich den Vater so lieb wie Salz.‹ Als der König das hörte, geriet er in Zorn und sprach: ›Wenn du mich so liebst wie Salz, so soll deine Liebe auch mit Salz belohnt werden.‹ Da teilte er das Reich zwischen den beiden ältesten, der jüngsten aber ließ er einen Sack mit Salz auf den Rücken binden, und zwei Knechte mußten sie hinaus in den wilden Wald führen. Wir haben alle für sie gefleht«, sagte die Königin, »aber der Zorn des Königs war nicht zu erweichen. Wie hat sie geweint, als sie uns verlassen mußte! Der ganze Weg ist mit Perlen besät worden, die ihr aus den Augen geflossen sind. Den König hat bald hernach seine große Härte gereut, und er hat das arme Kind im ganzen Wald suchen lassen, aber niemand konnte es finden. Wenn ich denke, daß es die wilden Tiere gefressen haben, so weiß ich mich vor Traurigkeit nicht zu fassen; manchmal tröste ich mich mit der Hoffnung, es sei noch am Leben und habe sich in einer Höhle versteckt oder bei mitleidigen Menschen Schutz gefunden. Aber stellt Euch vor, als ich Euer Smaragdbüchslein aufmachte, so lag eine Perle darin von der Art, wie sie meiner Tochter aus den Augen geflossen sind, und da könnt Ihr Euch vorstellen, wie mir der Anblick das Herz bewegt hat. Ihr sollt mir sagen, wie Ihr zu der Perle gekommen seid.«

Der Graf erzählte ihr, daß er sie von der Alten im Walde erhalten hätte, die ihm nicht geheuer vorgekommen wäre und eine Hexe sein müßte; von ihrem Kinde aber hätte er nichts gehört und gesehen. Der König und die Königin faßten den Entschluß, die Alte aufzusuchen; sie dachten, wo die Perle gewesen wäre, da müßten sie auch Nachricht von ihrer Tochter finden.

Die Alte saß draußen in der Einöde bei ihrem Spinnrad und spann. Es war schon dunkel geworden. Auf einmal wurde es draußen laut, die Gänse kamen heim von der Weide und ließen ihr heiseres Gekreisch hören. Bald trat auch die Tochter herein. Aber die Alte dankte ihr kaum und schüttelte nur wenig mit dem Kopf. Die Tochter setzte sich zu ihr nieder, nahm ihr Spinnrad und drehte den Faden so flink wie ein junges Mädchen. So saßen beide zwei Stunden und sprachen kein Wort miteinander. Endlich raschelte etwas am Fenster, und zwei feurige Augen glotzten herein. Es war eine alte Nachteule, die dreimal »uhu« schrie. Die Alte schaute nur ein wenig in die Höhe, dann sprach sie: »Jetzt ist's Zeit, daß du hinausgehst, tu deine Arbeit!«

Die Tochter stand auf und ging hinaus. Über die Wiesen immer weiter bis in das Tal. Endlich kam sie zu einem Brunnen, bei dem drei alte Eichbäume standen. Der Mond war indessen rund und groß über dem Berg aufgestiegen, und es war so hell, daß man eine Stecknadel hätte finden können. Sie zog eine Haut ab, die auf ihrem Gesicht lag, bückte sich dann zu dem Brunnen und fing an, sich zu waschen. Als sie fertig war, tauchte sie auch die Haut in das Wasser und legte sie dann auf die Wiese, damit sie wieder im Mondschein bleichen und trocknen sollte. Aber wie war das Mädchen verwandelt! Als der graue Zopf abfiel, da quollen die goldenen Haare wie Sonnenstrahlen hervor und breiteten sich, als wär's ein Mantel, über ihre ganze

Noch war ihm kein Mensch begegnet, als es plötzlich die alte Hexe erblickte, die am Boden kniete und Gras mit der Sichel abschnitt.

Gestalt. Nur die Augen blitzten heraus so glänzend wie die Sterne am Himmel, und die Wangen schimmerten in sanfter Röte wie die Apfelblüte.

Aber das schöne Mädchen war traurig. Es setzte sich nieder und weinte bitterlich. Eine Träne nach der andern drang aus seinen Augen und rollte zwischen den langen Haaren auf den Boden. So saß es da und wäre lange sitzen geblieben, wenn es nicht in den Ästen des nahestehenden Baumes geknistert und gerauscht hätte. Das Mädchen sprang auf wie ein Reh, das den Schuß des Jägers vernimmt. Der Mond wurde gerade von einer schwarzen Wolke bedeckt, und im Augenblick war es wieder in die alte Haut geschlüpft und verschwand wie ein Licht, das der Wind ausbläst.

Zitternd wie Espenlaub lief es zu dem Haus zurück. Die Alte stand vor der Tür, und das Mädchen wollte ihr erzählen, was ihm begegnet war, aber die Alte lachte freundlich und sagte: »Ich weiß schon alles.« Sie führte es in die Stube und zündete einen neuen Span an. Aber sie setzte sich nicht wieder zu dem Spinnrad, sondern sie holte einen Besen und fing an zu kehren und zu scheuern. »Es muß alles rein und sauber sein«, sagte sie zu dem Mädchen. »Aber Mutter«, sprach das Mädchen, »warum fangt Ihr in so später Stunde die Arbeit an? Was habt Ihr vor?« – »Weißt du denn, welche Stunde es ist?« fragte die Alte. – »Noch nicht Mitternacht«, antwortete das Mädchen, »aber schon elf Uhr vorbei.« – »Denkst du nicht daran«, fuhr die Alte fort, »daß du heute vor drei Jahren zu mir gekommen bist? Deine Zeit ist um, wir können nicht länger beisammenbleiben.« Das Mädchen erschrak und sagte: »Ach, liebe Mutter, wollt Ihr mich verstoßen? Wo soll ich hin? Ich habe keine Freunde und keine Heimat. Ich habe alles getan, was Ihr verlangt habt, und Ihr seid immer zufrieden mit mir gewesen: schickt mich nicht fort!« Die Alte wollte dem Mädchen nicht sagen, was ihm bevorstand. »Meines Bleibens ist nicht länger hier«, sprach sie, »wenn ich aber ausziehe, muß Haus und Stube sauber sein: darum halt mich nicht auf in meiner Arbeit! Deinetwegen sei ohne Sorgen, du sollst ein Dach finden, unter dem du wohnen kannst, und mit dem Lohn, den ich dir geben will, wirst du auch zufrieden sein.« – »Aber sagt mir nur, was steht bevor?« fragte das Mädchen weiter. »Ich sage dir nochmals, störe mich nicht in meiner Arbeit! Rede kein Wort weiter, geh in deine Kammer, nimm die Haut vom Gesicht und zieh das seidene Kleid an, das du trugst, als du zu mir kamst, und dann harre in deiner Kammer, bis ich dich rufe.«

Der König und die Königin waren mit dem Grafen ausgezogen, um die Alte in der Einöde aufzusuchen. Der Graf war nachts im Walde von ihnen abgekommen und mußte allein weitergehen. Am anderen Tag kam es ihm vor, als befände er sich auf dem rechten Weg. Er ging immer weiter, bis die Dunkelheit einbrach, da stieg er auf einen Baum und wollte da übernachten, denn er war besorgt, er könnte sich verirren. Als der Mond die Gegend erhellte, erblickte er eine Gestalt, die den Berg herabwandelte. Sie hatte keine Rute in der Hand, aber er konnte doch sehen, daß es die Gänsehirtin war, die er früher bei dem Haus der Alten gesehen hatte. »Oho«, rief er, »da kommt sie, und habe ich erst die eine Hexe, so soll mir die andere auch nicht entgehen.« Wie erstaunte er aber, als sie zu dem Brunnen trat, die Haut ablegte und sich wusch, als die goldenen Haare über sie herabfielen und sie so schön war, wie er noch niemanden auf der Welt gesehen hatte. Kaum daß er zu atmen wagte, aber er streckte den Hals zwischen dem Laub so weit vor, als er nur konnte. Ob er sich nun zu weit überbog oder was sonst schuld war, plötzlich krachte der Ast, und in demselben Augenblick schlüpfte das Mädchen in die Haut, sprang wie ein Reh davon, und da der Mond sich zugleich bedeckte, so war sie seinen Blicken entzogen.

Kaum war sie verschwunden, stieg der Graf vom Baum herab und eilte ihr mit behenden Schritten nach. Er war noch nicht lange gegangen, so sah er in der Dämmerung zwei Gestalten über die Wiese wandeln. Es war der König und die Königin, die hatten aus der Ferne das Licht in dem Häuschen der Alten erblickt und waren darauf zugegangen. Der Graf erzählte ihnen, was er für Wunderdinge bei dem Brunnen gesehen hätte, und sie zweifelten nicht, daß das ihre verlorene Tochter gewesen wäre. Voll Freude gingen sie weiter und kamen bald bei dem Häuschen an: die Gänse saßen ringsherum, hatten den Kopf in die Flügel gesteckt und schliefen, und keine regte sich. Die drei schauten zum Fenster hinein, da saß die Alte ganz still und spann, nickte mit dem Kopf und sah sich nicht um. Es war ganz sauber in der Stube, als wenn da die kleinen Nebelmännlein wohnten, die keinen Staub auf den Füßen tragen. Ihre Tochter aber sahen sie nicht. Sie schauten das alles eine Zeitlang an, endlich faßten sie sich ein Herz und klopften leise ans Fenster. Die Alte schien sie erwartet zu haben, sie stand auf und rief ganz freundlich: »Nur herein, ich kenne Euch schon!« Als sie in die Stube eingetreten waren, sprach die Alte: »Den weiten Weg hättet Ihr Euch sparen können, wenn Ihr Euer Kind, da so gut und liebreich ist, nicht vor drei Jahren ungerechterweise verstoßen hättet. Ihr hat's nichts geschadet, sie hat drei Jahre lang die Gänse hüten müssen; sie hat nichts Böses dabei gelernt, sondern ihr reines Herz behalten. Ihr aber seid durch die Angst, in der ihr gelebt habt, hinlänglich gestraft.« Dann ging sie an die Kammer und rief: »Komm heraus, mein Töchterchen!« Da ging die Tür auf, und die Königstochter trat heraus in ihrem seidenen Gewand mit ihren goldenen Haaren und ihren leuchtenden Augen, und es war, als ob ein Engel vom Himmel käme.

Sie ging auf ihren Vater und ihre Mutter zu, fiel ihnen um den Hals und küßte sie, und sie mußten alle vor Freude weinen. Der junge Graf stand neben ihnen, und als sie ihn erblickte, wurde sie so rot im Gesicht wie eine Moosrose, sie wußte selbst nicht, warum. Der König sprach: »Liebes Kind, mein Königreich habe ich verschenkt, was soll ich dir geben?« – »Sie braucht nichts«, sagte die Alte, »ich schenke ihr die Tränen, die sie um Euch geweint hat, das sind lauter Perlen; schöner, als sie im Meer gefunden werden, und mehr wert als Euer ganzes Königreich. Und zum Lohn für ihre Dienste gebe ich ihr mein Häuschen.«

Als die Alte das gesagt hatte, verschwand sie vor ihren Augen.

Es knatterte ein wenig in den Wänden, und als sie sich umsahen, war das Häuschen in einen prächtigen Palast verwandelt, und eine königliche Tafel war gedeckt, und die Bedienten liefen hin und her.

Die schöne Königstochter wurde mit dem Grafen vermählt, und sie sind zusammen in dem Schloß geblieben und haben da in aller Glückseligkeit gelebt.

Da kam es zur Sonne; aber die war zu heiß und fürchterlich und fraß die kleinen Kinder.

Die sieben Raben

Ein Mann hatte sieben Söhne und immer noch kein Töchterchen, sosehr er sich's auch wünschte. Einmal aber war seine Frau wieder guter Hoffnung und brachte endlich ein Mädchen zur Welt. Die Freude war groß, aber das Kind war schmächtig und klein und sollte wegen seiner Schwachheit die Nottaufe haben. Der Vater schickte einen der Knaben eilends zur Quelle, Taufwasser zu holen. Die andern sechs liefen mit, und weil jeder beim Schöpfen der erste sein wollte, so fiel ihnen der Krug in den Brunnen. Da standen sie und wußten nicht, was sie tun sollten, und keiner getraute sich heim. Als sie immer noch nicht zurückkamen, wurde der Vater ungeduldig und sprach: »Gewiß haben sie's wieder über ein Spiel vergessen, die gottlosen Jungen.« Es wurde ihm angst, das Mädchen müsse ungetauft sterben, und im Ärger rief er: »Ich wollte, daß die Jungen alle zu Raben würden!« Kaum war das Wort ausgesprochen, so hörte er ein Geschwirr über seinem Haupt in der Luft, blickte in die Höhe und sah sieben schwarze Raben auf und davon fliegen. Die Eltern konnten die Verwünschung nicht mehr zurücknehmen, und so traurig sie über den Verlust der sieben Söhne waren, trösteten sie sich doch einigermaßen mit ihrem lieben Töchterchen, das bald zu Kräften kam und mit jedem Tag schöner wurde. Es wußte lange Zeit nicht einmal, daß es Geschwister gehabt hatte, denn die Eltern hüteten sich, diese zu erwähnen, bis es eines Tages zufällig die Leute von sich sprechen hörte: das Mädchen wäre wohl sehr schön und doch eigentlich schuld an dem Unglück seiner sieben Brüder. Da wurde es ganz betrübt, ging zu Vater und Mutter und fragte, ob es denn Brüder gehabt hätte und wo diese seien? Nun duften die Eltern das Geheimnis nicht länger verschweigen, sagten jedoch, es sei des Himmels Verhängnis und seine Geburt nur der unschuldige Anlaß gewesen. Allein das Mädchen machte sich täglich ein Gewissen daraus und glaubte, es müßte seine Geschwister wieder erlösen. Es hatte nicht Ruhe und Rast, bis es sich einmal aufmachte und in die weite Welt ging, seine Brüder irgendwo aufzuspüren und zu befreien, es mochte kosten, was es wollte. Es nahm nichts mit sich als ein Ringlein von seinen Eltern zum Andenken, einen Laib Brot für den Hunger, ein Krüglein Wasser für den Durst und ein Stühlchen für die Müdigkeit. Nun ging es immerzu, weit, weit, bis ans Ende der Welt. Da kam es zur Sonne; aber die war zu heiß und fürchterlich und fraß die kleinen Kinder. Eilig lief es weg und lief zu dem Mond, aber der war gar zu kalt und auch grausig und bös, und als er das Kind merkte, sprach er: »Ich rieche, rieche Menschenfleisch.« Da machte es sich geschwind fort und kam zu den Sternen, die waren freundlich und gut, und jeder saß auf seinem besonderen Stühlchen. Der Morgenstern aber stand auf, gab ihm ein Hinkelbeinchen und sprach: »Wenn du das Beinchen nicht hast, kannst du den Glasberg nicht aufschließen, und in dem Glasberg sind deine Brüder.«

Das Mädchen nahm das Beinchen, wickelte es gut in ein Tüchlein und ging wieder fort, so lange, bis es an den Glasberg kam. Das Tor war verschlossen, und es wollte das Beinchen hervorholen; aber wie es das Tüchlein aufmachte, war es leer, es hatte das Geschenk der guten Sterne verloren. Was sollte es nun anfangen? Seine Brüder wollte es erretten und hatte keinen Schlüssel zum Glasberg. Das gute Schwesterchen nahm ein Messer, schnitt sich ein kleines Fingerchen ab, steckte es in das Tor und schloß glücklich auf. Als es hineingegangen war, kam ihm ein Zwerglein entgegen, das sprach: »Mein Kind, was suchst du?« – »Ich suche meine Brüder, die sieben Raben«, antwortete es. Der

Zwerg sprach: »Die Herren Raben sind nicht zu Hause; aber willst du hier so lange warten, bis sie kommen, so tritt ein!« Das Zwerglein trug Speise und Trank der Raben herein, auf sieben Tellerchen und in sieben Becherchen, und von jedem Tellerchen trank es ein Schlückchen, in das letzte Becherchen aber ließ es das Ringlein fallen, das es mitgenommen hatte.

Auf einmal hörte es in der Luft ein Geschwirr und ein Wehen, da sprach das Zwerglein: »Jetzt kommen die Herren Raben heimgeflogen.« Da kamen sie, wollten essen und trinken und suchten ihre Tellerchen und Becherchen. Da sprach einer nach dem andern: »Wer hat von meinem Tellerchen gegessen? Wer hat aus meinem Becherchen getrunken? Das ist eines Menschen Mund gewesen.« Und wie der siebente auf den Grund des Bechers kam, rollte ihm das Ringlein entgegen. Da sah er es an und erkannte, daß es ein Ring von Vater und Mutter war, und sprach: »Gott gebe, unser Schwesterlein wäre da, so wären wir erlöst!« Wie das Mädchen, das hinter der Tür stand und lauschte, den Wunsch hörte, trat es hervor, und da bekamen alle Raben ihre menschliche Gestalt wieder. Und sie herzten und küßten einander und zogen fröhlich heim.

Das Waldhaus

Ein armer Holzbauer lebte mit seiner Frau und drei Töchtern in einer kleinen Hütte am Rande eines einsamen Waldes. Eines Morgens, als er wieder an seine Arbeit wollte, sagte er zu seiner Frau: »Laß mir ein Mittagbrot von dem ältesten Mädchen hinaus in den Wald bringen, ich werde sonst nicht fertig. Und damit es sich nicht verirrt«, setzte er hinzu, »so will ich einen Beutel mit Hirse mitnehmen und die Körner auf den Weg streuen.« Als nun die Sonne mitten über dem Walde stand, machte sich das Mädchen mit einem Topf voll Suppe auf den Weg. Aber die Feld- und Waldsperlinge, die Lerchen und Finken, Amseln und Zeisige hatten die Hirse schon längst aufgepickt, und das Mädchen konnte die Spur nicht finden. Da ging es auf gut Glück immer weiter, bis die Sonne sank und die Nacht einbrach. Die Bäume rauschten in der Dunkelheit, die Eulen schnarrten, und es begann sich zu fürchten. Da erblickte es in der Ferne ein Licht, das zwischen den Bäumen blinkte. »Dort sollten wohl Leute wohnen«, dachte es, »die mich über Nacht behalten« und ging auf das Licht zu. Nicht lange, so kam es an ein Haus, dessen Fenster erleuchtet waren.

Es klopfte an, und eine rauhe Stimme rief: »Herein!« Das Mädchen trat auf die dunkle Diele und pochte an die Stubentür. »Nur herein!« rief die Stimme, und als es öffnete, saß da ein alter, eisgrauer Mann beim Tisch, hatte das Gesicht auf beide Hände gestützt, und sein weißer Bart floß über den Tisch herab fast bis auf die Erde. Am Ofen aber lagen drei Tiere, ein Hühnchen, ein Hähnchen und eine gescheckte Kuh. Das Mädchen erzählte dem Alten sein Schicksal und bat um ein Nachtlager. Der Mann sprach:

»Schön Hühnchen,
schön Hähnchen
und du schön bunte Kuh,
was sagst du dazu?«

»Duks!« antworteten die Tiere, und das mußte wohl heißen, »wir sind es zufrieden«, denn der Alte sprach weiter: »Hier ist alles in Hülle und Fülle, geh hinaus an den Herd und koch uns ein

»Nur herein!« rief die Stimme, und als er öffnete, saß da ein alter, grauer Mann beim Tisch . . .

Abendessen.« Das Mädchen fand in der Küche Überfluß an allem und kochte eine gute Speise, aber an die Tiere dachte es nicht. Es trug die volle Schüssel an den Tisch, setzte sich zu dem grauen Mann, aß und stillte seinen Hunger. Als es satt war, sprach es: »Aber jetzt bin ich müde, wo ist ein Bett, in das ich mich legen kann?« Die Tiere antworteten.

»Du hast mit ihm gegessen,
du hast mit ihm getrunken,
du hast an uns gar nicht gedacht,
nun sieh auch, wo du bleibst die Nacht.«

Da sprach der Alte: »Steig nur die Treppe hinauf, so wirst du eine Kammer mit zwei Betten finden, schüttle sie auf, und decke sie mit weißem Linnen, so will ich auch kommen und mich schlafen legen.« Das Mädchen stieg hinauf, und als es die Betten geschüttelt und frisch gedeckt hatte, da legte es sich in das eine, ohne auf den Alten zu warten. Nach einiger Zeit aber kam der graue Mann, beleuchtete das Mädchen mit dem Licht und schüttelte mit dem Kopf. Und als er sah, daß es fest eingeschlafen war, öffnete er eine Falltür und ließ es in den Keller sinken.
Der Holzhauer kam am späten Abend nach Hause und machte seiner Frau Vorwürfe, daß sie ihn den ganzen Tag habe hungern lassen. »Ich habe keine Schuld«, antwortete sie, »das Mädchen ist mit dem Mittagbrot hinausgegangen, es muß sich verirrt haben; morgen wird es schon wieder kommen.« Vor Tagesanbruch stand der Holzhauer auf, wollte in den Wald gehen und verlangte, die zweite Tochter sollte ihm diesmal das Essen bringen. »Ich will einen Beutel mit Linsen mitnehmen«, sagte er, »die Körner sind größer als Hirse, das Mädchen wird sie besser sehen und kann den Weg nicht verfehlen.« Zur Mittagszeit trug auch das Mädchen die Speise in den Wald, aber die Linsen waren verschwunden: die Waldvögel hatten sie, wie am vorigen Tag, alle aufgepickt. Das Mädchen irrte im Wald umher, bis es Nacht wurde, da kam es ebenfalls zu dem Haus des Alten, wurde hereingerufen, und bat um Speise und Nachtlager. Der Mann mit dem weißen Barte fragte wieder die Tiere:

»Schön Hühnchen,
schön Hähnchen
und du schöne bunte Kuh,
was sagst du dazu?«

Die Tiere antworteten abermals: »Duks!«, und es geschah alles wie am vorigen Tag. Das Mädchen kochte eine gute Speise, aß und trank mit dem Alten und kümmerte sich nicht um die Tiere. Und als es sich nach seinem Nachtlager erkundigte, antworteten sie:

»Du hast mit ihm gegessen,
du hast mit ihm getrunken,
du hast an uns gar nicht gedacht,
nun sie auch, wo du bleibst die Nacht.«

Als es eingeschlafen war, kam der Alte, betrachtete es mit Kopfschütteln und ließ es in den Keller hinab.
Am dritten Morgen sprach der Holzhacker zu seiner Frau: »Schicke mir heute unser jüngstes Kind mit dem Mittagbrot hinaus, das ist immer gut und gehorsam gewesen, das wird auf dem rechten Weg bleiben und nicht wie seine Schwestern wie wilde Hummeln herumschwärmen.« Die Mutter wollte nicht und sprach: »Soll ich mein liebstes Kind auch noch verlieren?« – »Sei ohne Sorge«, antwortete er, »das Mädchen verirrt sich nicht, es ist zu klug und verständig; zum Überfluß will ich Erbsen mitnehmen und ausstreuen, die sind noch größer als Linsen und werden ihm den Weg zeigen.« Aber als das Mädchen mit dem Korb am Arm in den Wald kam, so hatten die Waldtauben die Erbsen schon im Kropf, und es wußte nicht, wohin es sich wenden sollte. Es war voll Sorgen und dachte beständig daran, wie der arme Vater hungern und die gute Mutter jammern würde, wenn es ausblieb. Endlich, als es finster wurde, erblickte es das Lichtchen und kam an das Waldhaus. Es bat ganz freundlich, sie möchten es über Nacht beherbergen, und der Mann mit dem weißen Bart fragte wieder seine Tiere:

»Schön Hühnchen,
schön Hähnchen
und du schöne bunte Kuh,
was sagst du dazu?«

»Duks!« sagten sie. Da trat das Mädchen an den Ofen, wo die Tiere lagen und liebkoste Hühnchen und Hähnchen, indem es mit der Hand über die glatten Federn hinstrich, und die bunte Kuh kraulte es zwischen den Hörnern. Und als es auf Geheiß des Alten eine gute Suppe bereitet hatte und die Schüssel auf dem Tisch stand, sprach es: »Soll ich mich sättigen und die guten Tiere sollen nichts haben? Draußen ist alles in Hülle und Fülle, erst will ich für sie sorgen.« Da ging es, holte Gerste und streute sie dem Hühnchen und Hähnchen vor und brachte der Kuh vom wohlriechenden Heu einen ganzen Arm voll. »Laßt's euch schmecken, ihr lieben Tiere«, sagte es, »und wenn ihr durstig seid, sollt ihr auch einen frischen Trunk haben.« Dann trug sie einen Eimer voll Wasser herein, und Hühnchen und Hähnchen sprangen auf den Rand, steckten den Schnabel hinein und hielten den Kopf dann in die Höhe, wie die Vögel trinken, und die bunte Kuh tat auch einen herzhaften Zug. Als die Tiere gefüttert waren, setzte sich das Mädchen zu dem Alten an den Tisch und aß, was er übriggelassen hatte. Nicht lange, so fingen Hühnchen und Hähnchen an, das Köpfchen zwischen die Flügel zu stecken, und die bunte Kuh blinzelte. Da sprach das Mädchen: »Sollen wir uns nicht zur Ruhe begeben?

Schön Hühnchen,
schön Hähnchen
und du schöne bunte Kuh,
was sagst du dazu?«

Die Tiere antworteten:

»Duks, du hast mit uns gegessen,
du hast mit uns getrunken,
du hast uns alle wohlbedacht,
wir wünschen dir eine gute Nacht.«

Da ging das Mädchen die Treppe hinauf, schüttelte die Federkissen und deckte frisches Linnen auf. Der Alte kam und legte sich in das eine Bett. Das Mädchen legte sich in das andere, betete und schlief ein.

Es schlief ruhig bis Mitternacht, da wurde es unruhig in dem Hause, daß das Mädchen erwachte. Da fing es an, in den Ecken zu knistern und zu knattern, und die Tür sprang auf und schlug an die Wand; die Balken dröhnten, als wenn sie aus den Fugen gerissen würden, und es war, als wenn die Treppe herabstürzte, und endlich krachte es, als wenn das ganze Dach zusammenfiele. Da es aber wieder still wurde und dem Mädchen nichts zuleide geschah, so blieb es ruhig liegen und schlief wieder ein.

Als es aber am Morgen bei hellem Sonnenschein aufwachte, was erblickten seine Augen? Es lag in einem großen Saal, und ringsumher glänzte alles in königlicher Pracht: An den Wänden wuchsen auf grünseidenem Grund goldene Blumen in die Höhe, das Bett war von Elfenbein und die Decke darauf von rotem Samt, und auf einem Stuhl daneben stand ein Paar mit Perlen bestickte Pantoffel. Das Mädchen glaubte, es wäre ein Traum, aber es traten drei reichgekleidete Diener herein und fragten, was es zu befehlen hätte. »Geht nur«, antwortete das Mädchen, »ich will gleich aufstehen und dem Alten eine Suppe kochen und dann auch schön Hühnchen, schön Hähnchen und die schöne bunte Kuh füttern.« Es dachte, der Alte wäre schon aufgestanden, und sah sich nach seinem Bette um, aber er lag nicht darin, sondern ein fremder Mann. Und als sie ihn betrachtete und sah, daß er jung und schön war, erwachte er, richtete sich auf und sprach: »Ich bin ein Königssohn und war von einer bösen Hexe verwünscht worden, als ein alter, eisgrauer Mann im Walde zu leben; niemand durfte um mich sein als meine drei Diener in der Gestalt eines Hühnchens, eines Hähnchens und einer bunten Kuh. Und nicht eher sollte die Verwünschung aufhören, als bis ein Mädchen zu uns käme, so gut von Herzen, daß es nicht gegen die Menschen allein, sondern auch gegen die Tiere sich liebreich zeigte, und das bist du gewesen, und heute um Mitternacht sind wir durch dich erlöst, und das alte Waldhaus ist wieder in meinen königlichen Palast verwandelt worden.« Und als sie aufgestanden waren, sagte der Königssohn den drei Dienern, sie sollten hinausfahren und Vater und Mutter des Mädchens zur Hochzeitsfeier herbeiholen.

»Aber wo sind meine zwei Schwestern?« fragte das Mädchen. – »Die habe ich in den Keller gesperrt, und morgen sollen sie in den Wald geführt werden und sollen bei dem Köhler so lange als Mägde dienen, bis sie sich gebessert haben und auch die armen Tiere nicht hungern lassen.«

König Drosselbart

Ein König hatte eine Tochter, die war über alle Maßen schön, aber dabei so stolz und hochmütig, daß ihr kein Freier gut genug war. Sie wies einen nach dem andern ab und trieb noch dazu Spott mit ihnen. Einmal ließ der König ein großes Fest feiern und lud dazu aus der Nähe und Ferne die heiratslustigen Männer ein. Sie wurden alle in eine Reihe nach Rang und Stand geordnet; erst die Könige, dann die Herzöge, die Fürsten, Grafen und Freiherrn, zuletzt die Edelleute.

Nun ward die Königstochter durch die Reihen geführt, aber an jedem hatte sie etwas auszusetzen. Der eine war ihr zu dick: »Das Weinfaß!« sprach sie. Der andere zu lang: »Lang und schwank hat keinen Gang.« Der dritte zu kurz: »Kurz und dick hat kein Geschick.« Der vierte zu blaß: »Der bleiche Tod!« der fünfte zu rot: »Der Zinshahn!« Der sechste war nicht gerade genug: »Grünes Holz, hinterm Ofen getrocknet!« Und so hatte sie an jedem etwas auszusetzen, besonders aber machte sie sich über einen König lustig, der ganz oben stand und dem das Kinn ein wenig krumm gewachsen war. »Ei«, rief sie und lachte, »der hat ein Kinn wie eine Drossel einen Schnabel!« Und seit der Zeit bekam er den Namen Drosselbart. Der alte König aber, als er sah, daß seine Tochter nichts tat, als über die Leute spotten, und alle Freier, die da versammelt waren, verschmähte, ward zornig und schwor, sie sollte den ersten besten Bettler zum Manne nehmen, der vor seine Tür käme. Ein paar Tage darauf hob ein Spielmann an, unter dem Fenster zu singen, um damit ein geringes Almosen zu verdienen. Als es der König hörte, sprach er: »Laßt ihn heraufkommen.« Da trat der Spielmann in seinen schmutzigen, zerlumpten Kleidern ein, sang vor dem König und seiner Tochter und bat, als er fertig war, um eine milde Gabe. Der König sprach: »Dein Gesang hat mir so wohl gefallen, daß ich dir meine Tochter zur Frau geben will.« Die Königstochter erschrak, aber der König sagte: »Ich habe den Eid getan, dich dem ersten besten Bettelmann zu geben, den Eid will ich halten.« Es half kein Widerspruch, der Pfarrer ward geholt, und sie mußte sich gleich mit dem Spielmann trauen lassen. Als das geschehen war, sprach der König: »Nun schickt sich's nicht, daß du als ein Bettelweib noch länger in meinem Schloß bleibst, du mußt mit deinem Manne fortziehen.« Der Bettelmann führte sie an der Hand hinaus, und sie mußte mit ihm zu Fuß fortgehen. Als sie in einen großen Wald kamen, fragte sie:

»Ach, wem gehört der schöne Wald?«
»Der gehört dem König Drosselbart;
hätt'st du'n genommen, so wär' er dein.«

Der eine war ihr zu dick: »Das Weinfaß!« sprach sie. Der andere zu lang: »Lang und schwank hat keinen Gang.«

»Ich arme Jungfer zart,
ach, hätt' ich genommen den König
Drosselbart!«

Da kamen sie über eine Wiese, da fragte sie wieder:

»Wem gehört die schöne grüne Wiese?«
»Sie gehört dem König Drosselbart;
hätt'st du'n genommen, so wär' sie dein.«
»Ich arme Jungfer zart,
ach, hätt' ich genommen den König
Drosselbart!«

Dann kamen sie durch eine große Stadt, da fragte sie wieder:

»Wem gehört die schöne große Stadt?«
»Sie gehört dem König Drosselbart;
hätt'st du'n genommen, so wär' sie dein.«
»Ich arme Jungfer zart,
ach, hätt' ich genommen den König
Drosselbart!«

»Es gefällt mir gar nicht«, sprach der Spielmann, »daß du immer einen andern zum Mann wünschest. Bin ich dir nicht gut genug?« Endlich kamen sie an ein ganz kleines Häuschen, da sprach sie:

»Ach, Gott, was ist das Haus so klein!
Wem mag das elende winzige Häuschen
sein?«

Der Spielmann antwortete: »Das ist mein und dein Haus, wo wir zusammen wohnen.« Sie mußte sich bücken, damit sie zu der niedrigen Tür hineinkam. »Wo sind die Diener?« sprach die Königstochter. »Was, Diener?« antwortete der Bettelmann, »du mußt selber tun, was du willst getan haben. Mach nur gleich Feuer an und stell Wasser auf, daß du mir mein Essen kochst; ich bin ganz müde.« Die Königstochter verstand aber nichts vom Feuermachen und Kochen, und der Bettelmann mußte selbst mit Hand anlegen, daß es gerade leidlich ging. Als sie die schmale Kost verzehrt hatten, legten sie sich zu Bett. Aber am Morgen trieb er sie schon ganz früh heraus, weil sie das Haus besorgen sollte.

Ein paar Tage lebten sie auf diese Art schlecht und recht und zehrten ihren Vorrat auf. Da sprach der Mann: »Frau, so geht's nicht länger, daß wir hier zehren und nichts verdienen. Du sollst Körbe flechten!« Er ging aus, schnitt Weiden und brachte sie heim. Da fing sie an zu flechten, aber die harten Weiden stachen ihr die zarten Hände wund. »Ich sehe, das geht nicht«, sprach der Mann, »spinn lieber, vielleicht kannst du das besser.« Sie setzte sich hin und versuchte zu spinnen, aber der harte Faden schnitt ihr bald in die weichen Finger, daß das Blut daran herunterlief. »Siehst du«, sprach der Mann, »du taugst zu keiner Arbeit, mit dir bin ich schlimm dran. Nun will ich's versuchen und einen Handel mit Töpfen und irdenem Geschirr anfangen. Du sollst dich auf den Markt setzen und die Ware feilhalten.« – »Ach«, dachte sie, »wenn auf den Markt Leute aus meines Vaters Reich kommen und sehen mich da sitzen und feilhalten, wie werden sie mich verspotten!« Aber es half nichts, sie mußte sich fügen, wenn sie nicht Hungers sterben wollten. Das erste Mal ging's gut, denn die Leute kauften der Frau, weil sie schön war, gerne ihre Ware ab und bezahlten, was sie forderte; ja, viele gaben ihr das Geld und ließen ihr die Töpfe noch dazu.

Nun lebten sie von dem Erworbenen, so lange es ging, da handelte der Mann wieder eine Menge neues Geschirr ein. Sie setzte sich damit an eine Ecke des Marktes und stellte es um sich her und hielt feil. Da kam plötzlich ein trunkener Husar dahergejagt und ritt geradezu in die Töpfe hinein, daß alles in tausend Scherben zersprang. Sie fing an zu weinen und wußte vor Angst nicht, was sie anfangen sollte. »Ach, wie wird mir's ergehen!« rief sie, »was wird mein Mann dazu sagen!« Sie lief heim und erzählte ihm das Unglück. »Wer setzt sich auch an die Ecke des Marktes mit irdenem Geschirr?« sprach der Mann, »laß nur das Weinen, ich sehe wohl, du bist zu keiner ordentlichen Arbeit zu gebrauchen. Da bin ich in unseres Königs Schloß gewesen und habe gefragt, ob sie nicht eine Küchenmagd brauchen könnten, und sie haben mir versprochen, sie wollten dich dazu nehmen; dafür bekommst du freies Essen.«

Nun war die Königstochter eine Küchenmagd, mußte dem Koch an die Hand gehen und die sauerste Arbeit tun. Sie machte sich in beiden Taschen ein Töpfchen fest, darin brachte sie nach Haus, was ihr von dem Übriggeblieben zuteil ward, und davon nährten sie sich. Es trug sich zu, daß die Hochzeit des ältesten Königssohnes gefeiert werden sollte. Da ging die arme Frau hinauf, stellte sich vor die Saaltüre und wollte zusehen. Als nun die Lichter angezündet waren und immer einer schöner als der andere hereintrat und alles voll Pracht und Herrlichkeit war, dachte sie mit betrübtem Herzen an ihr Schicksal und verwünschte ihren Stolz und Hochmut, der sie erniedrigt und in so große Armut gestürzt hätte. Von den köstlichen Speisen, die da ein und aus getragen wurden und von denen der Geruch zu ihr aufstieg, warfen ihr Diener manchmal ein paar Brocken zu, die tat sie in ihr Töpfchen und wollte sie heimtragen. Auf einmal trat der Königssohn herein, war in Samt und Seide gekleidet und hatte goldne Ketten um den Hals. Und als er die schöne Frau in der Tür stehen sah, ergriff er sie bei der Hand und wollte mir ihr tanzen, aber sie weigerte sich und erschrak, denn sie sah, daß es der König Drosselbart war, der um sie gefreit und den sie mit Spott abgewiesen hatte. Ihr Sträuben half nichts, er zog sie in den Saal. Da zerriß das Band, an welchem die Taschen hingen, und die Töpfe fielen heraus, daß die Suppe floß und die Brocken umhersprangen. Wie das die Leute sahen, entstand ein allgemeines Gelächter und Spotten, und sie war so beschämt, daß sie sich tausend Klafter unter die Erde wünschte. Sie sprang zur Tür hinaus und wollte entfliehen, aber auf der Treppe holte sie ein Mann ein und brachte sie zurück. Und wie sie ihn ansah, war es wieder der König Drosselbart. Er sprach ihr freundlich zu: »Fürchte dich nicht, ich und der Spielmann, der mit dir in dem elenden Häuschen gewohnt hat, sind eins. Dir zuliebe habe ich mich verstellt, und der Husar, der dir die Töpfe entzweigeritten hat, bin ich auch gewesen. Das alles ist geschehen, um deinen stolzen Sinn zu beugen und dich für deinen Hochmut zu strafen, womit du mich verspottet hast.« Da weinte sie bitterlich und sagte: »Ich habe großes Unrecht getan und bin nicht wert, deine Frau zu sein.« Er aber sprach: »Tröste dich! Die bösen Tage sind vorüber, jetzt wollen wir unsere Hochzeit feiern.« Da kamen die Kammerfrauen und taten ihr die prächtigsten Kleider an, und ihr Vater kam und der ganze Hof und wünschten ihr Glück zu ihrer Vermählung mit dem König Drosselbart, und die rechte Freude fing erst jetzt an.

Die Tür tat sich auf, und er sah eine große dicke Kröte sitzen und rings um sie eine Menge kleiner Kröten.

Die drei Federden

Es war einmal ein König, der hatte drei Söhne, davon waren zwei klug und gescheit. Aber der dritte sprach nicht viel, war einfältig und hieß nur der Dummling. Als der König alt und schwach wurde und an sein Ende dachte, wußte er nicht, welcher von seinen Söhnen nach ihm das Reich erben sollte. Da sprach er zu ihnen: »Ziehet aus, und wer mir den feinsten Teppich bringt, der soll nach meinem Tod König sein.« Und damit es keinen Streit unter ihnen gab, führte er sie vor sein Schloß, blies drei Federn in die Luft und sprach: »So wie sie fliegen, sollt ihr ziehen.« Die eine Feder flog nach Osten, die andere nach Westen, die dritte flog aber geradeaus und flog nicht weit, sondern fiel bald zur Erde. Nun ging der eine Bruder rechts, der andere ging links, und sie lachten den Dummling aus, der bei der dritten Feder da, wo sie niedergefallen war, bleiben mußte.

Der Dummling setzte sich nieder und war traurig. Da bemerkte er auf einmal, daß neben der Feder eine Falltüre lag. Er hob sie in die Höhe, fand eine Treppe und stieg hinab. Da kam er vor eine andere Türe, klopfte an und hörte, wie es von innen rief:

»Jungfer grün und klein,
Hutzelbein,
Hutzelbeins Hündchen,
Hutzel hin und her,
laß geschwind sehen, wer draußen wär'.«

Die Tür tat sich auf, und er sah eine große, dicke Kröte sitzen und rings um sie eine Menge kleiner Kröten. Die dicke Kröte fragte, was er wolle. Er antwortete: »Ich hätte gerne den schönsten und feinsten Teppich.« Da rief sie eine junge Kröte und sprach:

»Jungfer grün und klein,
Hutzelbein,
Hutzelbeins Hündchen,
Hutzel hin und her,
bring mir die große Schachtel her.«

Die junge Kröte holte die Schachtel, und die dicke Kröte machte sie auf und gab dem Dummling einen Teppich daraus, so schön und so fein, wie oben auf der Erde keiner gewebt werden konnte. Da dankte der Dummling der Kröte und stieg wieder hinauf.

Die beiden andern hatten aber ihren jüngsten Bruder für so albern gehalten, daß sie glaubten, er würde gar nichts finden und aufbringen. »Was sollen wir uns mit Suchen groß Mühe geben«, sprachen sie. Statt dessen nahmen sie dem ersten besten Schäfersweib, das ihnen begegnete, die groben Tücher vom Leib und trugen sie dem König heim. Zur selben Zeit kam auch der Dummling zurück und brachte seinen schönen Teppich, und als der König den sah, erstaunte er und sprach: »Wenn es dem Recht nach gehen soll, so gehört dem jüngsten das Königreich.« Aber die zwei andern ließen dem Vater keine Ruhe und sprachen, der Dummling, dem es in allen Dingen an Verstand fehlte, könnte unmöglich König werden, und baten ihn, er solle eine neue Aufgabe stellen. Da sagte der Vater: »Derjenige soll das Reich erben, der mir den schönsten Ring bringt«, führte die drei Brüder hinaus und blies drei Federn in die Luft, denen sie nachgehen sollten. Die zwei ältesten zogen wieder nach Osten und Westen, und für den Dummling flog die Feder geradeaus und fiel neben der Erdtüre nieder. Da stieg er wieder hinab zu der dicken Kröte und sagte ihr, daß er den schönsten Ring brauchte. Sie ließ gleich ihre große Schachtel holen und gab ihm daraus einen Ring, der glänzte von Edelsteinen und war so schön, daß ihn kein Goldschmied auf der Erde hätte machen können. Die zwei ältesten lachten über den Dummling, der einen goldenen Ring suchen wollte, gaben sich gar keine

Nun ging der Bösewicht zum drittenmal zu der Haustür . . .

Mühe, sondern schlugen einem alten Wagenring die Nägel aus und brachten ihn dem König. Als aber der Dummling seinen goldenen Ring vorzeigte, sprach der Vater abermals: »Ihm gehört das Reich.« Die zwei ältesten ließen nicht ab, den König zu quälen, bis er noch eine dritte Aufgabe stellte und sagte, der sollte das Reich erhalten, der die schönste Frau heimbrächte. Die drei Federn blies er nochmals in die Luft, und sie flogen wie die vorigen Male.

Da ging der Dummling ohne weiteres hinab zu der dicken Kröte und sprach: »Ich soll die schönste Frau heimbringen.« – »Ei«, antwortete die Kröte, »die schönste Frau! Die ist nicht gleich zur Hand, aber du sollst sie doch haben.« Sie gab ihm eine ausgehöhlte gelbe Rübe, vor die, wie bei einer Kutsche, sechs Mäuschen gespannt waren. Da sprach der Dummling ganz traurig: »Was soll ich damit anfangen?« Die Kröte antwortete: »Setze nur eine von meinen kleinen Kröten hinein.« Da griff der Dummling aufs Geratewohl eine aus dem Kreis und setzte sie in die gelbe Kutsche. Aber kaum saß sie darin, wurde die Kröte zu einem wunderschönen Fräulein, die Rübe zur Kutsche und die sechs Mäuschen zu Pferden. Da küßte der Dummling sie, jagte mit den Pferden davon und brachte sie zu dem König. Seine Brüder kamen nach. Sie hatten sich gar keine Mühe gegeben, eine schöne Frau zu suchen, sondern die ersten besten Bauernweiber mitgenommen. Als der König sie erblickte, sprach er: »Dem jüngsten gehört das Reich nach meinem Tod.« Aber die zwei ältesten betäubten die Ohren des Königs aufs neue mit ihrem Geschrei: »Wir können's nicht zulassen, daß der Dummling König wird«, und verlangten, derjenige sollte den Vorzug haben, dessen Frau durch einen Ring springen könnte, der da mitten in dem Saal hing. Sie dachten: »Die Bauernweiber können das wohl, die sind stark genug, aber das zarte Fräulein springt sich tot.« Da sprangen die zwei Bauernweiber, sprangen auch durch den Ring, waren aber so plump, daß sie fielen und ihre groben Arme und Beine entzweibrachen. Darauf sprang das schöne Fräulein, das der Dummling mitgebracht hatte, und sprang so leicht hindurch wie ein Reh, und aller Widerspruch mußte aufhören. So erhielt der Dummling die Krone und herrschte lange in Weisheit.

Der Wolf und die sieben jungen Geißlein

Es war einmal eine alte Geiß, die hatte sieben junge Geißlein und hatte sie lieb, wie eine Mutter ihre Kinder liebhat. Eines Tages wollte sie in den Wald gehen und Futter holen, da rief sie alle sieben herbei und sprach: »Liebe Kinder, ich will hinaus in den Wald, seid auf eurer Hut vor dem Wolf, wenn er hereinkommt, so frißt er euch alle mit Haut und Haar. Der Bösewicht verstellt sich oft, aber an seiner rauhen Stimme und an seinen schwarzen Füßen werdet ihr ihn gleich erkennen.« Die Geißlein sagten: »Liebe Mutter, wir wollen uns schon in acht nehmen, Ihr könnt ohne Sorge fortgehen.« Da meckerte die Alte und machte sich getrost auf den Weg. Es dauerte nicht lange, so klopfte jemand an die Haustür und rief: »Macht auf, ihr lieben Kinder, eure Mutter ist da und hat jedem von euch etwas mitgebracht!« Aber die Geißerchen hörten an der rauhen Stimme, daß es der Wolf war. »Wir machen nicht auf«, riefen sie, »du bist unsere Mutter nicht, die hat eine feine und liebliche Stimme, aber deine Stimme ist rauh; du bist der Wolf!« Da ging der Wolf fort zu einem Krämer und kaufte sich ein großes Stück Kreide; die aß er und machte damit seine Stimme fein. Dann kam er zurück, klopfte an die Haustür und rief: »Macht auf, ihr lieben Kinder, eure Mutter ist da und hat jedem von euch etwas mitgebracht!« Aber der Wolf hatte seine schwarze Pfote in das Fenster gelegt, das sahen die Kinder und riefen: »Wir machen nicht auf, unsere Mutter hat keinen schwarzen Fuß wie du; du bist der Wolf!« Da lief der Wolf zu einem Bäcker und sprach: »Ich habe mich an den Fuß gestoßen, streich mir Teig darüber.« Und als ihm der Bäcker die Pfote bestrichen hatte, so lief er zum Müller und sprach: »Streu mir weißes Mehl auf meine Pfote.« Der Müller dachte, der Wolf wolle einen betrügen, und weigerte sich; aber der Wolf sprach: »Wenn du es nicht tust, so fresse ich dich.« Da fürchtete sich der Müller und machte ihm die Pfote weiß. Ja, so sind die Menschen.

Nun ging der Bösewicht zum drittenmal zu der Haustür, klopfte an und sprach: »Macht mir auf, Kinder, euer liebes Mütterchen ist heimgekommen und hat jedem von euch etwas aus dem Walde mitgebracht.« Die Geißerchen riefen: »Zeig uns erst deine Pfote, damit wir wissen, daß du unser liebes Mütterchen bist!« Da legte er die Pfote ins Fenster, und als sie sahen, daß sie weiß war, so glaubten sie, es wäre alles wahr, was er sagte, und machten die Tür auf. Wer aber hereinkam, das war der Wolf. Sie erschraken und wollten sich verstecken. Das eine sprang unter den Tisch, das zweite ins Bett, das dritte in den Ofen, das vierte in die Küche, das fünfte in den Schrank, das sechste unter die Waschschüssel, das siebente in den Kasten der Wanduhr. Aber der Wolf fand sie und machte nicht viel Federlesens: eins nach dem andern schluckte er in seinen Rachen; nur das jüngste in dem Uhrkasten fand er nicht. Als der Wolf seine Lust gestillt hatte, trollte er sich fort, legte sich draußen auf der grünen Wiese unter einen Baum und fing an zu schlafen.

Nicht lange danach kam die alte Geiß aus dem Walde wieder heim. Ach, was mußte sie da erblicken! Die Haustür stand sperrangelweit auf, Tisch, Stühle und Bänke waren umgeworfen, die Waschschüssel lag in Scherben, Decke und Kissen waren aus dem Bett gezogen. Sie suchte ihre Kinder, aber nirgends waren sie zu finden. Sie rief sie nacheinander beim Namen, aber niemand antwortete. Endlich, als sie an das jüngste kam, da rief eine feine Stimme: »Liebe Mutter, ich stecke im Uhrkasten!« Sie holte es heraus, und es erzählte ihr, daß der Wolf gekommen wäre und die anderen gefressen hätte. Da könnt ihr denken, wie sie über ihre armen Kinder geweint hat.

Endlich ging sie in ihrem Jammer hinaus, und das jüngste Geißlein lief mit. Als sie auf die Wiese kam, so lag da der Wolf an dem Baum und schnarchte, daß die Äste zitterten. Sie betrachtete ihn von allen Seiten und sah, daß in seinem angefüllten Bauch sich etwas regte und zappelte. »Ach Gott«, dachte sie, »sollten meine armen Kinder, die er zum Abendbrot hinuntergewürgt hat, noch am Leben sein?« Da mußte das Geißlein nach Haus laufen und Schere, Nadel und Zwirn holen. Dann schnitt sie dem Ungetüm den Wanst auf, und kaum hatte sie einen Schnitt getan, so streckte schon ein Geißlein den Kopf heraus, und als sie weiterschnitt, so sprangen nacheinander alle sechs heraus, und alle waren noch am Leben und hatten nicht einmal Schaden gelitten, denn das Ungetüm hatte jedes in der Gier als Ganzes hinuntergeschluckt. Das war eine Freude! Da herzten sie ihre liebe Mutter und hüpften wie ein Schneider, der Hochzeit hält. Die Alte aber sagte: »Jetzt geht und sucht Wackersteine, damit wollen wir dem gottlosen Tier den Bauch füllen, solange es noch im Schlafe liegt.« Da schleppten die sieben Geißerchen in aller Eile die Steine herbei und steckten sie ihm in den Bauch, soviel sie hineinbringen konnten. Dann nähte ihn die Alte in aller Geschwindigkeit wieder zu.

Als der Wolf endlich ausgeschlafen hatte, machte er sich auf die Beine, und weil ihm die Steine im Magen so großen Durst erregten, so wollte er zu einem Brunnen gehen und trinken. Als er aber anfing, zu gehen und sich hin und her zu bewegen, so stießen die Steine in seinem Bauch aneinander und rappelten. Da rief er:

»Was rumpelt und pumpelt
in meinem Bauch herum?
Ich meinte, es wären sechs Geißlein,
so sind's lauter Wackerstein'.«

Und als er an den Brunnen kam und sich über das Wasser bückte und trinken wollte, da zogen ihn die schweren Steine hinein, und er mußte jämmerlich ersaufen. Als die sieben Geißlein das sahen, da kamen sie herbeigelaufen, riefen laut: »Der Wolf ist tot! Der Wolf ist tot!« und tanzten mit ihrer Mutter vor Freude um den Brunnen herum.

Rotkäppchen

Es war einmal eine kleine süße Dirne, die hatte jedermann lieb, der sie nur ansah, am allerliebsten aber ihre Großmutter, die wußte gar nicht, was sie alles dem Kinde geben sollte. Einmal schenkte sie ihm ein Käppchen aus rotem Samt, und weil ihm das so gut stand und es nichts anderes mehr tragen wollte, hieß es nur das Rotkäppchen. Eines Tages sprach seine Mutter zu ihm: »Komm, Rotkäppchen, da hast du ein Stück Kuchen und eine Flasche Wein, bring das der Großmutter hinaus; sie ist krank und schwach und wird sich daran laben. Mach dich auf, bevor es heiß wird, und wenn du hinauskommst, so geh hübsch sittsam und lauf nicht vom Wege ab, sonst fällst du und zerbrichst das Glas, und die Großmutter hat nichts. Und wenn du in ihre Stube kommst, so vergiß nicht, guten Morgen zu sagen und guck nicht erst in allen Ecken herum!« – »Ich will schon alles gut machen«, sagte Rotkäppchen zur Mutter und gab ihr die Hand darauf.

Die Großmutter aber wohnte draußen im Wald, eine halbe Stunde vom Dorf. Wie nun Rotkäppchen in den Wald kam, begegnete ihm der Wolf. Rotkäppchen aber wußte nicht, was das für ein böses Tier war, und fürchtete sich nicht vor ihm. »Guten Tag, Rotkäppchen!« sprach er. »Schönen Dank, Wolf!« – »Wo hinaus so früh, Rotkäppchen?« – »Zur Großmutter.« – »Was trägst du unter der Schürze?« – »Kuchen und Wein. Gestern haben wir gebacken, da soll sich die kranke und schwache Großmutter etwas zugute tun und sich damit stärken.« – »Rotkäppchen, wo wohnt deine Großmutter?« – »Noch eine gute Viertelstunde weiter im Wald, unter den drei großen Eichbäumen, da steht ihr Haus, unten sind die Nußhecken, das wirst du ja wissen«, sagte Rotkäppchen. Der Wolf dachte bei sich: »Das junge, zarte Ding, das ist ein fetter Bissen, der wird noch besser schmecken als die Alte. Du mußt es listig anfangen, damit du beide erschnappst.« Da ging er ein Weilchen neben Rotkäppchen her, dann sprach er: »Rotkäppchen, sieh einmal die schönen Blumen, die ringsumher stehen. Warum guckst du dich nicht um? Ich glaube, du hörst gar nicht, wie die Vöglein so lieblich singen? Du gehst ja für dich hin, als wenn du zur Schule gingst, und es ist doch so lustig heraußen in dem Wald.«

Rotkäppchen schlug die Augen auf, und als es sah, wie die Sonnenstrahlen durch die Bäume hin und her tanzten und alles voll schöner Blumen stand, dachte es: »Wenn ich der Großmutter einen frischen Strauß mitbringe, der wird ihr

»Wenn ich der Großmutter einen frischen Strauß mitbringe, der wird ihr auch Freude machen.«

auch Freude machen; es ist so früh am Tag, daß ich doch zu rechter Zeit ankomme«, lief vom Wege ab in den Wald hinein und suchte Blumen. Und wenn es eine gebrochen hatte, meinte es, weiter weg stünde eine schönere, und lief danach und geriet immer tiefer in den Wald hinein. Der Wolf aber ging geradewegs zum Haus der Großmutter und klopfte an die Tür. »Wer ist draußen?« – »Rotkäppchen, das bringt Kuchen und Wein, mach auf!« – »Drück nur auf die Klinke!« rief die Großmutter, »ich bin zu schwach und kann nicht aufstehen.«

Der Wolf drückte auf die Klinke, die Tür sprang auf, und er ging, ohne ein Wort zu sprechen, gerade zum Bett der Großmutter und verschluckte sie. Dann tat er ihre Kleider an, setzte ihre Haube auf, legte sich in ihr Bett und zog die Vorhänge vor.

Rotkäppchen aber war nach den Blumen herumgelaufen, und als es so viele beisammen hatte, daß es keine mehr tragen konnte, fiel ihm die Großmutter wieder ein, und es machte sich auf den Weg zu ihr. Es wunderte sich, daß die Tür offenstand, und wie es in die Stube trat, so kam es ihm so seltsam darin vor, daß es dachte: »Ei, du mein Gott, wie ängstlich wird mir's heute zumute, und ich bin doch sonst gerne bei der Großmutter!« Es rief: »Guten Morgen!«, bekam aber keine Antwort. Darauf ging es zum Bett und zog die Vorhänge zurück. Da lag die Großmutter und hatte die Haube tief ins Gesicht gesetzt und sah so wunderlich aus. »Ei, Großmutter, was hast du für große Ohren!« – »Daß ich dich besser hören kann!« – »Ei, Großmutter, was hast du für große Hände!« – »Daß ich dich besser packen kann!« – »Aber, Großmutter, was hast du für ein entsetzlich großes Maul!« – »Daß ich dich besser fressen kann!« Kaum hatte der Wolf das gesagt, so tat er einen Satz aus dem Bette und verschlang das arme Rotkäppchen.

Als der Wolf sein Verlangen gestillt hatte, legte er sich wieder ins Bett, schlief ein und fing an, laut zu schnarchen. Der Jäger ging eben an dem Haus vorbei und dachte: »Wie die alte Frau schnarcht! Du mußt doch sehen, ob ihr etwas fehlt!« Da trat er in die Stube, und als er vor das Bett trat, sah er, daß der Wolf darin lag. »Finde ich dich hier, du alter Sünder«, sagte er, »ich habe dich lange gesucht.«

Nun wollte er seine Büchse anlegen, da fiel ihm ein, der Wolf könnte die Großmutter gefressen haben, und sie wäre noch zu retten. Er schoß also nicht, sondern nahm eine Schere und fing an, dem schlafenden Wolf den Bauch aufzuschneiden. Wie er ein paar Schnitte getan hatte, da sah er das rote Käppchen leuchten, und noch ein paar Schnitte, da sprang das Mädchen heraus und rief:

»Ach, wie war ich erschrocken, wie war's so dunkel in dem Leib des Wolfes!«

Und dann kam die alte Großmutter auch noch lebendig heraus und konnte kaum atmen. Rotkäppchen aber holte geschwind große Steine, damit füllten sie dem Wolf den Leib, und wie er aufwachte, wollte er fortspringen, aber die Steine waren so schwer, daß er gleich niedersank und umfiel.

Da waren alle drei vergnügt. Der Jäger zog dem Wolf den Pelz ab und ging damit heim; die Großmutter aß den Kuchen und trank den Wein, den Rotkäppchen gebracht hatte, und erholte sich wieder; Rotkäppchen aber dachte: »Ich will mein Lebtag nicht wieder allein vom Wege ab in den Wald laufen, wenn mir's die Mutter verboten hat.«